道德经

【春秋】老　子/著　祖　航/编著　孙建军/主编

吉林文史出版社

图书在版编目（CIP）数据

道德经 /（春秋）老子著 ; 祖航编著. -- 长春 : 吉林文史出版社, 2016.12（2024.6重印）
（中国文化文学经典文丛 / 孙建军主编）
ISBN 978-7-5472-3027-5

Ⅰ. ①道… Ⅱ. ①老… ②祖… Ⅲ. ①道家
Ⅳ. ①B223.1

中国版本图书馆CIP数据核字(2016)第134539号

DAODEJING
书　　名：道德经

著　　者：(春秋) 老　子
主　　编：孙建军
编　　著：祖　航
责任编辑：高冰若
封面设计：李　荣
出版发行：吉林文史出版社
地　　址：长春市福祉大路5788号
邮　　编：130117
电　　话：0431-81629352
网　　址：www.jlws.com.cn
印　　刷：三河市燕春印务有限公司
开　　本：920mm×1280mm　1/16
印　　张：30
字　　数：380千字
版　　次：2016年12月第1版　2024年6月第5次印刷
书　　号：ISBN 978-7-5472-3027-5

定　　价：78.00元

前　言

《道德经》又称《道德真经》《老子》《五千言》《老子五千文》，是中国古代先秦诸子分家前的一部著作，为当时诸子所共仰，传说是春秋时期的老子（似是作者、注释者、传抄者的集合体）所撰写，是道家哲学思想的重要来源。《道德经》分上下两篇，原文上篇《德经》、下篇《道经》。

老子姓李名耳，字聃，楚国苦县厉乡曲仁里人，是中国古代伟大的哲学家和思想家、道家学派创始人，被唐朝帝王追认为李姓始祖。老子是世界百位历史名人之一。

《道德经》主要论述“道”与“德”：“道”不仅是宇宙之道、自然之道，也是个体修行即修道的方法；“德”不是通常以为的道德或德行，而是修道者所应必备的特殊的世界观、方法论以及为人处世之方法。

老子的本意，是要教给人修道的方法，德是基础，道是德的升华。没有德的基础，为人处世、治家、治国，很可能都失败，就没有能力去“修道”。所以修“德”是为修道创造良好的外部环境，这可能也是人所共需的；修道者更需要拥有宁静的心境、超脱的人生，这也缺“德”不可。《道德经》德经部分，在经文中占了很大一部分，这是修道的基础。

“道”是浑全之朴，“众妙之门”。“道”生成了万物，又内涵于万物之中，“道”在物中，物在“道”中，万事万物殊途而同归，都通向了“道”。

“道”不只是有形的“物质”、思虑的“精神”、理性的“规律”，而是造成这一切的无形无象、至虚至灵的宇宙本根。“物质”“精神”“规律”皆是“道”的派生物。

“道法自然”是《道德经》中老子思想的精华。“道”作为《道德经》中最抽象的概念范畴，是天地万物生成的动力源。“德”是“道”在伦常领域的发展与表现。“道”与“法”在规则、常理层面有相通点，但不同于西方自然法。“法”应效法自然之道，在辨证的反向转化之中发挥其作用。

目　录

第一章

道可道，非常道。名可名，非常名

【原文】

道可道，非常道。名可名，非常名。

无名，万物之始；有名，万物之母。

故常无欲，以观其妙；常有欲，以观其徼。

此两者同出，异名同谓。玄之又玄，众妙之门。

【翻译】

道可以用语言来说，但不是通常所说的道。可以给命名，但不是通常所说的名。

可以说他是无，因为他在天地创始之前；也可以说他是有，因为他是万物的母亲。

所以，从虚无的角度，可以揣摩他的奥妙。从实有的角度，可以看到他的踪迹。

实有与虚无只是说法不同，两者实际上同出一源。这种同一，就叫作玄秘。玄秘而又玄秘啊！宇宙间万般奥妙的源头。

第二章

天下皆知美之为美，斯恶矣

【原文】

天下皆知美之为美，斯恶已；皆知善之为善，斯不善已。

故有无相生，难易相成，长短相形，高下相倾，音声相和，前后相随。

是以圣人处无为之事，行不言之教。万物作焉而不始，为而不恃，功成而弗居。夫唯弗居，是以不去。

【翻译】

天下的人都知道以美为美，这就是丑恶了。都知道以善为善，这就是不善良了。

有和无是相互依存的，难和易是相互促成的，长和短互为比较，高和下互为方向，声响和回音相呼应，前边与后边相伴随。

所以，圣人从事的事业，是排除一切人为努力的事业；圣人施行的教化，是超乎一切言语之外的教化。万物兴起却不自以为大，生养而不据为己有，施予而不自恃其能，成了也不自居其功。他不自居其功，其功却永恒不灭。

第三章

不尚贤，使民不争，不贵难得之货，使民不为盗

【原文】

不尚贤，使民不争；不贵难得之货，使民不为盗；不见可欲，使民心不乱。

是以圣人之治，虚其心，实其腹，弱其志，强其骨。常使民无知无欲，使夫知不敢、弗为，则无不治。

【翻译】

不崇尚贤能之辈，方能使世人停止争斗。不看重珍奇财宝，方能使世人不去偷窃。不诱发邪情私欲，方能使世人平静安稳。

所以，圣人掌管万民，是使他们心里谦卑，腹里饱足，血气淡化，筋骨强壮。人们常常处于不求知、无所欲的状态，那么，即使有卖弄智慧的人，也不能胡作非为了。遵从无为之道，则没有不太平之理。

第四章

道冲而用之或不盈，渊兮似万物之宗

【原文】

道冲而用之有不盈，渊兮似万物之宗。挫其锐，解其纷，和其光，同其尘，湛兮似或存。吾不知谁之子，象帝之先。

【翻译】

道像个器皿虚空无形，其大能却不会溢出，道渊远深奥啊，像是万物可以尊奉的宗主。放弃自以为是的锐气，摆脱纷纭万象的迷惑，和于你生命的光中，认同你尘土的本相，你便能在幽幽之中，看到他那似有似无的存在。我不知道怎么产生他，他先于一切有形生成之前。

第五章

天地不仁，以万物为刍狗

【原文】

天地不仁，以万物为刍狗；圣人不仁，以百姓为刍狗。

天地之间，其犹橐籥乎？虚而不屈，动而愈出。

多言数穷，不如守中。

【翻译】

天地不仁义，以万物作为祭神用的稻草狗。圣人也不仁义，在他眼里，百姓是祭神用的稻草狗。

天地之间，不正像一个风箱吗？虚静而不穷尽，越动而风越多。

话多有失，词不达意，还是适可而止。

第六章

谷神不死，是谓玄牝，玄牝之门，是谓天地根

【原文】

谷神不死，是谓玄牝。玄牝之门，是谓天地根。绵绵若存，用之不勤。

【翻译】

无形之神永生不死，是宇宙最深远的母体。母体的门户，便是天地的根源。冥冥之中，似非而是，延绵不绝，用之不尽。

第七章

天地长久

【原文】

天长地久。天地所以能长且久者，以其不自生，故能长生。

是以圣人后其身而身先，外其身而身存，非以其无私邪？故能成其私。

【翻译】

天长地久。天地之所以能长久，因为它不自贪其生，所以能长生。

同理，圣人把自己置于最后，他反而在前；把自身置之度外，他反而长存。这不正是由于他无私，反而成全了他的私吗？

第八章

上善若水

【原文】

上善若水。水善利万物而有静，处众人之所恶，故几于道。居善地，心善渊，予善天；言善信，政善治，事善能，动善时。夫唯不争，故无尤。

【翻译】

第一等的善像水一样。水善于滋养万物，而不与万物相争。它处身于众人所厌恶的地方，所以跟道很相近。

要居住在自然祥和之地；心要调整得自然祥和像深渊；交往，有诚有爱；言语信实可靠；为政，天下归顺；做事，大有能力；行动，合乎时宜。唯有不争，才能无过失。

第九章

持而盈之，不如其已，揣而锐之，不可长保

【原文】

持而盈之，不如其已。

揣而群之，不可长保。

金玉盈室，莫之能守。

富贵而骄，自遗其咎。

功遂身退，天之道也。

【翻译】

抓在手里溢出来，不如罢了吧。

千锤百炼的锋芒，也长不了的。

金玉满堂，不能守住。

富贵而骄，自取灾祸。

功成便隐去，这正是上天之道。

第十章

载营魄抱一，能无离乎，专气致柔，能婴儿乎

【原文】

载营魄抱一，能无离乎？

专气致柔，能婴儿乎？

涤除玄览，能无疵乎？

爱民治国，能无以知乎？

天门开阖，能为雌乎？

明白四达，能无以知乎？

生之畜之，生而不有，长而不宰，是谓玄德。

【翻译】

谁能使灵魂与真道合一，毫无离隙呢？

谁能使血气变得柔顺，像婴儿一样呢？

谁能洗净内心的杂念，透亮如明镜呢？

爱民掌权，谁能舍己顺道、无为而治呢？

运用心智，谁能因应天意、如雌随雄呢？

明白通达，谁能超越人智、摆脱知识呢？

那创造并养育这个世界的，他创造养育并不强行占有，他无所不为却不自恃其能，他是万物之主而不任意宰割。这真是深不可测的恩德啊！

第十一章

三十辐共一毂，当其无，有车之用

【原文】

三十辐共一毂，当其无，有车之用。

埏埴以为器，当其无，有器之用。

凿户牖，以为室，当其无，有室之用。

故有之以为利，无之以为用。

【翻译】

三十根辐条集中在车轴穿过的圆木上，圆木有空的地方，才对车有用处（可行走）。

糅合黏土制成器皿，上面有空的地方，才有器皿的用处。

为房屋安窗户，窗户有空的地方，才对房屋有用处。

有形者对人们有利益，是由于无形者的功用啊。

第十二章

五色令人目盲，五音令人耳聋

【原文】

五色令人目盲，五音令人耳聋，五味令人口爽，驰骋畋猎令人心发狂，难得之货令人行妨。

是以圣人为腹不为目，故去彼取此。

【翻译】

五颜六色使人眼睛昏花，五音使人耳朵发聋，丰腴的美食使人口味败坏，驰骋打猎令人心意狂荡，珍奇财宝令人行为不轨。

所以圣人掌管万民，是给他们内在的充实，不是给他们外在的愉悦。据此而取舍。

第十三章

宠辱若惊，贵大患若身

【原文】

宠辱若惊，贵大患若身。

何谓宠辱若惊？宠为下，得之若惊，失之若惊，是谓宠辱若惊。

何谓贵大患若身？吾所以有大患者，为吾有身，及吾无身，吾有何患？

故贵以身为天下，若可托天下；爱以身为天下，若可寄天下。

【翻译】

得宠和受辱都会使人受惊，最大的祸患是看重肉身性命。

为什么说得宠和受辱都会内心不安呢？宠是来自上面的，得到时吃惊，失去时也吃惊，所以说得宠和受辱都会内心不安。

为什么说最大的祸患是看重肉身性命呢？我有大祸患之忧虑，是因为我有肉身性命要保全；及至我把肉身性命置之度外，我还有什么祸患可忧虑呢？

所以，舍弃肉身性命去为天下的人，堪为普天下的寄托；舍弃肉身性命去爱天下的人，堪得普天下的信靠。

第十四章

视之不见名曰夷，听之不闻名曰希

【原文】

视之不见名曰夷，听之不闻名曰希，搏之不得名曰微。此三者不可致诘，故混而为一。一者，其上不皦，其下不昧。绳绳不可名，复归于无物。是谓无状之状，无物之象，是谓惚恍。迎之不见其首，随之不见其后。

执古之道，以御今之有，能知古始，是谓道纪。

【翻译】

看见而不晓得，叫作“夷”；听到而不明白，叫作“希”；摸索而不可得，叫作“微”。“夷希微”三者，不可思议，难究其竟，所以它们混而为一。在他之上不再有光明，在他之下不再有黑暗。难以言说的无限延绵啊，又复归于空虚无物。他是没有状态的状态，没有形象的形象，叫作恍惚。迎面看不见他的先头，追踪抓不着他的尾迹。

秉持上古之道，可以把握当今万有，知道其由来始末，这便是大道的要领了。

第十五章

古之善为士者，微妙玄通，深不可识

【原文】

古之善为士者，微妙玄通，深不可识。夫唯不可识，故强为之容：

豫焉若冬涉川，

犹兮若畏四邻；

俨兮其若客，

涣兮若冰之将释；

敦兮其若朴，

混兮其若浊；

旷兮其若谷。

孰能浊以静之，徐清；孰能安以动之，徐生。

保此道者不欲盈。夫唯不盈，故能蔽不成。

【翻译】

古时候善于行道的人，其微妙玄通，真是深不可识。由于深不可识，只好勉强来形容他：

审慎好像冬天过江，

谨守好像畏惧四邻，

恭敬严肃如同作客，

流逸潇洒如同化冰，

纯朴得好像未经雕琢，

旷达得好像高山空谷，敦厚得好像混沌不清。

谁能沉淀混浊的，使之渐渐清澈呢？谁能启动僵死的，使之徐徐复活呢？

持守此道的人，是不会自满自溢的。唯有不自满自溢，才能在凋敝死亡中成为新人。

第十六章

致虚极，守中督，万物并作，吾以观复

【原文】

致虚极，守中督。万物并作，吾以观复，

天物芸芸，各复归其根。归根曰静，是谓复命。复命曰常，知常曰明，不知常，妄作凶。

知常容，容乃公，公乃王，王乃天，天乃道，道乃久，没身不殆。

【翻译】

内心虚化到极点，持守安静到纯一。我就能在万物的篷蓬勃勃中，看出其来龙去脉。

万物纷纭百态，都复归其本根。回到本根就叫平静安息。平静安息便是复归了真生命。复归了真生命便是永恒。认识永恒便是光明。不认识永恒，就会任意妄为，后果凶险。

认识了永恒，就能万事包容。万事包容，就能公义坦荡。公义坦荡，则为完全人。完全人，则与天同。与天同，就归入道了。归入道，可就长久了，即使肉身消失，依然平安无恙。

第十七章

太上，下知有之，其次，亲而誉之，其次，畏之

【原文】

太上，不知有之；其次，亲而誉之；其次，畏之；其次，侮之。信不足，焉有不信。

悠兮其贵言。功成事遂，百姓皆谓我自然。

【翻译】

至高至善的人，人们仿佛感觉不到有他。次一等的，赢得人们的亲近赞誉。再次的，使人们畏惧害怕。更次的，遭人们侮慢轻蔑。信实不足，才有不信。

悠悠然大道之行，无须发号施令，大功告成之后，百姓都说："我们本来就是这样的啊！

第十八章

故大道废，有仁义，智慧出

【原文】

故大道废，有仁义；智慧出，有大伪；六亲不和，有孝慈；国家昏乱，有贞臣。

【翻译】

大道废弃了，才有仁义。智慧出来了，才有大伪。六亲不和，才大讲孝慈。国家昏乱，才呼唤忠臣。

第十九章

绝圣弃智，民利百倍，绝仁弃义，民复孝慈

【原文】

绝圣弃智，民利百倍；绝仁弃义，民复孝慈；绝巧弃利，盗贼无有。

此三者以为文，不足。故令有所属，见素抱朴，少私寡欲，绝学无忧。

【翻译】

弃绝成功与智慧，对人民有百倍的好处。弃绝仁义的说教，人民就会复归孝慈。弃绝技巧与功利，就不会有盗贼为患。

用这三者是文，不完全。所以，一定要让他归属于质，即少私欲。

第二十章

绝学无忧

【原文】

绝学无忧。唯之与阿，相去几何？美之与恶，相去若何？人之所畏，不可不畏人。

荒兮其未央哉。

众人熙熙，如享太牢，如春登台。

我独泊兮其未兆，

若婴儿之未孩，

儽儽若无所归。

众人皆有余，而我独若遗。我愚人之心也哉，

沌沌兮。俗人昭昭，我独昏昏；

俗人察察，我独闷闷。

惚兮其若海，恍兮若无止。

众人皆有以，而我独顽以鄙。

我独异于人，而贵食母。

【翻译】

绝弃学问则无忧。恭维与怠慢，相差有多远？美与恶，区别在哪里？人所畏怕的，不能不畏怕啊。

荒野广漠无际！

众人欢欢乐乐，像是在享受盛大的宴席，像是登上了高台。

唯独我浑然无觉，好像不曾开化的样子；

混混沌沌，像初生婴儿还不会嬉笑；

疲惫沮丧，像是四处流浪无家可归的人。

众人都自得自满流溢而出，唯独我仿佛遗失了什么。我真是愚笨人的心肠啊！

世俗的人个个明明白白，唯独我一个昏昏然然。

世俗的人个个斤斤计较，唯独我一个马虎不清。

大水荡荡淼如海，高风习习行无踪。

众人都有所用，唯独我又没用又顽固。

我与众不同，在于把吃喝母亲，看得高于一切啊！

第二十一章

孔德之容，惟道是从，道之为物，惟恍惟惚

【原文】

孔德之容，惟道是从。

道之物，惟恍惟惚。惚兮恍兮，其中有象。恍兮惚兮，其中有物。窈兮冥兮，其中有精。其精甚真，其中有信。

自今及古，其名不去，以阅众甫。吾何以知众甫之状哉？以此。

【翻译】

大德形态，只是顺从道。

道作为存在物，完全是恍恍惚惚的。恍惚之中有形象，恍惚之中有实在。在他的深远幽暗中，有一个精神存在。这个精神至真至切，充满了信实。

从古到今，他的名字从不消失，让人们看到万物之父。我怎么晓得万物之父呢？就是由他而来。

第二十二章

曲则全，枉则直，窪则盈，敝则新，少则得，多则惑

【原文】

曲则全，枉则直，窪则盈，敝则新，少则得，多则惑。

是以圣人执一为天下牧。不自见，故明；不自是，故彰；不自伐，故有功；不自矜，故长。

夫唯不争，故天下莫能与之争。古之所谓曲则全者，岂虚言哉！诚全归之。

【翻译】

受委屈的，可得成全；受冤枉的，可得伸直；低洼的得以充满，破的得新生，少便获得，富有的便迷惑。

所以，圣人与道合一，做天下人认识上天的器具。不自以为能看见，所以看得分明。不自以为是，所以是非昭彰。不求自己的荣耀，所以大功告成。不自以为大，所以为天下王。

正因为不争不竞，天下没有能与之竞争的。古人说“受屈辱必得成全”的话，岂是虚构的吗？那确实得成全者，天下便归属他。

第二十三章

希言自然

【原文】

希言自然。

故飘风不终朝，骤雨不终日。孰为此者？天地。天地尚不能久，而况于人乎？故从事于道者同于道。德者同于德，失者同于失。同于德者，道亦德之；同于失者，道亦失之。

信不足，焉有不信。

【翻译】

少说话顺从自在本相。

所以狂风刮不了一清晨，暴雨下不了一整天。兴起风雨的是谁呢？是天地。天地都不能长久，何况人呢？所以，从事于道的人就认同道，有德的人就认同德，失丧的人就认同失丧。认同道的人，道便悦纳他；认同德的人，德便欢迎他；认同失丧的人，失丧便拥抱他。

信心不足，才有不信。

第二十四章

企者不立，跨者不行。自见者不明，自是者不彰

【原文】

企者不立，跨者不行。自见者不明，自是者不彰，自伐者无功，自矜者不长。

其在道也，曰余食赘形。物或恶之，故有欲者不处。

【翻译】

跷着脚就站立不住，蹦得高就走不成路。自以为能看见的是瞎子，自以为聪明的是傻子。自我夸耀的徒劳无功，自高自大的不能为首。

从道的眼光来看，这些东西像多余的饭、累赘的事，只会让人厌恶。有道的人不会这样的。

第二十五章

有物混成，先天地生，寂兮寥兮

【原文】

有物混成，先天地生，寂兮寥兮，独立不改，周行而不殆，可以为天地母。吾不知其名，字之曰道，强为之名曰大。大曰逝，逝曰远，远曰反。

故道大，天大，地大，王亦大。域中有四大，而王居其一焉。人法地，地法天，天法道，道法自然。

【翻译】

有一个浑然一体的存在，在产生天地之前。寂静空虚，独立自在，永不改变。普天运行，永不疲倦。称得上是天地万物的母亲。我不知道他的名字，姑且写作“道”，勉强起个名字叫“大”。大，便无限飞逝，飞逝而致远，至远而回返。

所以道为大，天为大，地为大，人也为大。宇宙中四个为大的，人是其中之一。

然而人要以地为法度，地以天为法度，天以道为法度，道以他自身为法度。

第二十六章

重为轻根，静为躁君

【原文】

重为轻根，静为躁君。

是以君子终日行不离辎重。虽有荣观，燕处超然。奈何万乘之主而以身轻于天下？

轻则失本，躁则失君。

【翻译】

重是轻的根基，静是躁的主人。

所以君子每天出行时都带着辎重。虽有荣华壮观，却安然超脱。然而有的大国君主，只重自身，轻慢天下，以致灭亡。

轻浮就会失去根本，骄躁就会失去君子风范。

第二十七章

善行无辙迹，善言无瑕谪，善数不用筹策

【原文】

善行无辙迹，善言无瑕谪，善数不用筹策，善闭无关楗而不可开，善结无绳约而不可解。

是以圣人常善救人，而无弃人物无弃财，是谓袭明。

故善人，善人之师；不善人者，善人之资。不贵其师，不爱其资，虽智大迷，是谓要妙。

【翻译】

善于行走的不留踪迹，善于言辞的没有瑕疵，善于计算的不用器具，善于关门的不用门插，却无人能打开；善于捆绑的不用绳索，却无人能解。

圣人就是这样一直善于拯救世人，无人被弃之不顾；一直善于挽救万物，无物被弃之不顾。这就叫承袭、传递光明。

所以说，善人是不善之人的老师，不善之人亦是善人的资财。如果不敬重老师，或者不爱惜其资财，那么，再有智慧也是大大地迷失了。这是一个至关重要的奥妙啊！

第二十八章

知其雄，守其雌，为天下溪

【原文】

知其雄，守其雌，为天下溪。为天下溪，常德不离，复归于婴儿。

知其白，守其辱，为天下谷。为天下式。为天下谷，常德乃足，复归于朴。

知其白，守其黑，为天下式。为天下式，常德不忒，复归于无极。

朴散则为器，圣人用之则为官长。

【翻译】

知道其雄壮，却甘守雌爱，而成为天下的溪流。作为天下的溪流，永恒的恩德与他同在，复归于婴儿。

知道其光明所在，却甘守暗昧，而成为世人认识上天的工具。作为世人认识上天的工具，永恒的恩德至诚不移，复归于无限的境界。

知道其荣耀，却甘守羞辱，而成为天下的虚谷。作为天下的虚谷，永恒的恩德充足丰满，复归于存在的本原。

这本原化散在不同的人身上，成为不同的器物。圣人使用他们，而成为掌权者。

第二十九章

将欲取天下而为之，吾见其不得已

【原文】

将欲取天下而为之，吾见其不得已。天下神器，不可为也。大制不割。为者败之，执者失之。故物或行或随。

或歔或吹，或强或矬，或怀或隳。

是以圣人去甚，去奢，去泰。

【翻译】

大的裁制不割裂。想用人为的方式去赢得天下，我看达不到目的。天下是神的器具，不是人为努力就能得到的。人为努力的，必然失败；人为持守的，必然丧失。

所以说："有占先前行的，就有尾追不舍的；有吐热气的，就有吹冷风的；有促其强盛的，就有令其衰弱的；有承载的，就有颠覆的。"

所以圣人摈弃一切强求的、奢侈的和骄恣的东西。

第三十章

以道佐人主者，不以兵强天下

【原文】

以道佐人主者，不以兵强天下。其事好还。师之所处，荆棘生焉。大军之后，必有凶年。

善者果而已，不敢以取强。果而勿矜，果而勿伐，果而勿骄，果而不得已，是谓果而勿强。

物壮则老，是谓不道，不道早已。

【翻译】

用道来辅佐君主的人，不靠武力而称强天下。用武力总是有报应的。军队进驻之地，荆棘便长出来；每逢大战之后，凶年接着来到。

良善自有结果，无须强夺硬取。成了而不矜持，成了而不炫耀，成了而不骄傲，成了像是不得已，成了而不逞强。

任何事物一逞强示壮就会老朽，这不是出于道。不是出于道的，是早已注定要死亡了。

第三十一章

夫鲑美不祥之器，物或恶之，故有欲者不处

【原文】

夫雔美不祥之器，物或恶之，故有欲者不处。君子居则贵左，用兵则贵右。兵者不祥之器，非君子之器，不得已而用之，恬淡为上，胜而不美。而美之者，是乐杀人。夫乐杀人者，则不可得志于天下矣。

吉事尚左，凶事尚右。偏将军居左，上将军居右，言以丧礼处之。杀人之众，以悲哀莅之；战胜，以丧礼处之。

【翻译】

装饰美化不祥的器物是让人厌恶的，所以有想求于天下的不作。君子平时以左方为尊，用兵则以右边为尊贵。

兵是不吉利的东西，不是君子所使用的。万不得已而用之，也是以恬淡之心，适可而止，打胜了也不当成美事。以打胜仗为美事的人，就是以杀人为乐。以杀人为乐的人，是绝不可能得志于天下的。

左方表示吉祥，右方代表凶丧。偏将军在左边，上将军在右边，就是以凶丧来看待战事。杀人多了，就挥泪哀悼；打了胜仗，也像办丧事一样。

第三十二章

道常无名

【原文】

道常无名。朴，虽小，天下莫能臣也。侯王若能守之，万物将自宾。

天地相合以降甘露，民莫之令而自均。

始制有名，名亦既有，夫亦将知止。知止可以不殆。

譬道之在天下，犹小谷之于江海。

【翻译】

道，通常不显露其名分。存在的本原即道的本体，虽然微小，天下却没有什么能让他臣服。王侯若能持守他，万物会自动归顺。

天地相和，降下甘露，无人分配，自然均匀。

宇宙一开始有秩序，就有了名分。既有了名分，人就该知道自己的限度，不可僭越。知道人的限度而及时止步，就可以平安无患了。

道，引导天下万民归向自己，就好像河川之水流向大海。

第三十三章

知人者智，自知者明；胜人者有力，自胜者强

【原文】

知人者智，自知者明；

胜人者有力，自胜者强；

知足者富，

强行者有志；

不失其所者久，

死而不亡者寿。

【翻译】

能识透别人，算有智慧；能识透自己，才有光明。

能战胜别人，算有力量；能战胜自己，才是真强。

知足的人富有。

攻克己身、顺道而行的人有志气。

持守本相、不失不离的人可以长久。

肉身虽死、生命长存的人才叫长生。

第三十四章

道泛兮，其可左右

【原文】

道泛兮，其可左右。万物恃之以生而不辞，功成而不有，衣养万物而不为主。常无欲，可名于小。万物归焉而不为主，可名为大。是以圣人能成大也，以其不为大，故能成其大。

【翻译】

大道弥漫，无所不在，周流左右。万物都是依赖他生的，他不自夸自诩。大功都是由他而来的，他不彰明昭著。他爱抚滋养万物，却不以主宰自居，看起来微不足道的样子。当万物都依附归向他时，他仍然不以主宰自居，这样，他的名分可就大了。由于他从始至终不自以为大，这就成就了他的伟大。

第三十五章

执大象，天下往，往而不害，安平太，乐与饵

【原文】

执大象，天下往。往而不害，安平太。

乐与饵，过客止。道之出言，淡乎其无味，视之不足见，听之不足闻，用之不足既。

【翻译】

掌握大道，天下会归往。归往而不伤害，就会平安、安宁。

音乐与食也可以使过客停止。而说出来的道，淡淡的没有味道，看也看不到，听也听不见，但却不会用尽。

第三十六章

将欲歙之，必固张之；将欲弱之，必固强之

【原文】

将欲歙之，必固张之；将欲弱之，必固强之；将欲废之，必固举之；将欲夺之，必故与之，是谓微明。

柔弱胜强。鱼不可脱于渊，国之利器不可以示人。

【翻译】

要收敛的，必先张弛一下。要削弱的，必先加强一下。要废弃的，必先兴起一会儿。要夺取的，必先让与一点儿。这是微妙的亮光。

柔弱的胜于刚强的。鱼不能离开水，国家的主权和势能也无法向人展示清楚。

第三十七章

道常无为，而无不为

【原文】

道常无为，侯王若能守之，万物将自化。化而欲作，吾将镇之以无名之朴。无名之朴，夫亦将无欲。不欲以静，天下将自定。

【翻译】

道平常看起来无所作为的样子，实际上没有一件事物不是他成就的。王侯若能持守他，就一任万物自己变化。变化中有私欲发作，我便用那无以名状的本原来镇住。在这个无名的本原里，将断绝欲望。没有欲望，人心平静，天下自然便安稳了。

第三十八章

上德不德，是以有德。下德不失德，是以无德

【原文】

上德不德，是以有德。下德不失德，是以无德。

上德无为而无以为，下德为之而无以为。

上仁为之而无以为，上义为之而有以为。

上礼为之而莫之应，则攘臂而扔之。

故失道而后德，失德而后仁，失仁而后义，失义而后礼。夫礼者，忠信之薄而乱之首。

前识者，道之华而愚之始。是以大丈夫处其厚不居其薄，处其实不居其华，故去彼取此。

【翻译】

道德高尚的人不以道德来自律，因为他内心自有道德。道德低下的人，需要恪守道德诫命，因为他内心没有道德。

道德高尚的人是无为的，不是为了实现什么。道德低下的人是在追求道德，是为了达到某种目的。

有大仁爱的人，是在追求仁爱，却不是刻意实现某种目的。有大正义的人，是在追求正义，而且其正义是为了实现某种目的。

有大礼法的人，是在追求礼法，却没有人响应，就抡起胳膊去强迫人了。

所以，丧失了大道，这才强调道德；丧失了道德，这才强调仁爱；丧失了仁爱，这才强调正义；丧失了正义，这才强调礼法。所谓礼法，不过表明了忠信的浅薄缺乏，其实是祸乱的端倪了。

所谓人的先见之明，不过采摘了大道的一点虚华，是愚昧的开始。所以，大丈夫立身于丰满的大道中，而不站在浅薄的礼法上；立身于大道的朴实中，而不站在智慧的虚华上。据此而取舍。

第三十九章

昔之得一者，天得一以清

【原文】

昔之得一者：天得一以清，地得一以宁，神得一以灵，谷得一以盈，侯得一以为天下贞。

其致之，天毋清将恐裂，地毋已宁将恐发，神毋已灵将恐歇，谷毋已盈将恐竭，侯王毋已贵以高将恐蹶。

故贵以贱为本，必高以下为基。是以侯王自称孤、寡、不穀，此其以贱之本邪？非也？故致数舆无舆。不欲琭琭如玉，珞珞如石。

【翻译】

古人所得的，是一（唯一者，原初者，化一者，即道）。天空得一而清明，大地得一而安宁，神只得一而显灵，江河得一而流水，万物得一而生长，王侯得一而天下归正。

他们会获得：天空若不清明，恐怕要裂开了；大地若不安宁，恐怕要塌陷了；神若不显灵，恐怕要消失了；江河若不流水，恐怕要干枯了；万物若不生长，恐怕要灭绝了；王侯不能使天下归正，恐怕要颠覆了。

贵是以贱为本体的，高是以低为基础的。所以王侯都自称孤家、寡人、不善。这不正是以贱为本体吗？不是吗？所以最高的荣誉恰恰没有荣誉。所以不要追求晶莹如美玉，坚硬如顽石。

第四十章

反者道之动，弱者道之用

【原文】

反者道之动，弱者道之用。

天下万物生于有，有生于无。

【翻译】

相反是道的运动所在。柔，是道的力量所在。

天下万物都生于有，有出自虚无。

第四十一章

上士闻道，勤而行之，中士闻道，若存若亡

【原文】

上士闻道，勤而行之；中士闻道，若存若亡；下士闻道，大笑之。不笑不足以为道。故建言有之：

明道若昧，进道若退，夷道若，

上德若谷，大白若辱，

广德若不足，建德若偷，质真若渝；

大方无隅，大器免成，

大音希声，大象无形。

道殷无名。夫唯道善贷且成。

【翻译】

优秀的人听了道之后，勤勉地遵行。一般的人听了道之后，仍是似懂非懂、若有若无的样子。俗人听了道之后，大声嘲笑。若不被这种人嘲笑，那还叫真道吗？所以《建言书》上说："

道是光明的，世人却以为暗昧。在道里长进，却似乎是颓废。在道里有平安，看起来却像是艰难。

至高的道德却好像幽谷低下，极大的荣耀却好像受

了侮辱，

宽广之德却被视若不足，刚健之德视若苟且，实在的真理视若虚无，

至大的空间没有角落，伟大的器皿成形在后，

声音太大时，人在其中就听不到什么；形象太大时，人在其中就看不到什么。

道是隐秘的；然而只有道，善施又能成全。

第四十二章

道生一，一生二，二生三，三生万物

【原文】

道生一，一生二，二生三，三生万物。

万物负阴而抱阳，冲气以为和。

人之所恶，唯孤、寡、不毂，而王公以为称。

故物或损之而益，或益之而损。

人之所教，亦我而教人。强梁者不得其死，吾将以为教父。

【翻译】

道先于万物为一。道被言说为道，这是他的名分，称为二。道的实在，能被言说为道的名分，是因为他有表象，称为三。三而一的道生养了万物。

万物都有背道之阴和向道之阳，两者相互激荡以求平和。

人们所厌恶的，不就是孤、寡、不善吗？王公却用这些字眼儿自称。

所以，有时求益反而受损，有时求损反而获益。

先人教我的，我也用来教你们："自恃其强、偏行己路的人绝没有好下场。这句话，就作为教训的开始。

第四十三章

天下之至柔，驰骋天下之至坚，无有入无间

【原文】

天下之至柔，驰骋天下之至坚。无有入无间。

吾是以知无为之有益。

不言之教，无为之益，天下希及之。

【翻译】

天下最柔弱的可以驾驭、驰骋于天下最坚强的。没有实体的进入没有空隙的。

我由此便知道无为的益处。

这种无言的教化，无为的益处，天下很少有人能得到。

第四十四章

名与身孰亲？身与货孰多？得与亡孰病

【原文】

名与身孰亲？身与货孰多？得与亡孰病？

是故甚爱必大费；多藏必厚亡。

知足不辱，知止不殆，可以长久。

【翻译】

名声与生命，哪一样与你更亲密呢？生命与财富，哪一样对你更重要呢？得到世界与丧失生命，哪一样是忧虑呢？

贪得无厌的人必有大损害，囤积财富的人必有大失丧。

所以，知道满足，便不受困辱；知道停止，才能免除危险，可以得享长久的生命。

第四十五章

大成若缺，其用不弊，大盈若冲，其用不穷

【原文】

大成若缺，其用不弊。大盈若冲，其用不穷。

大直若屈，大巧若拙，大赢若绌。

躁胜寒，静胜热。清静为天下正。

【翻译】

完善至极的看起来却好像缺失的样子，然而永不败坏。那丰盈四溢的，看起来却好像虚无的样子，然而用之无穷。

最正直的好像弯曲，最聪明的好像愚拙，最善辩的好像口讷。

安静胜于躁动，一如寒冷抵御炎热。唯有清静，是天下的正道。

第四十六章

天下有道，却走马以粪，天下无道，戎马生于郊

【原文】

天下有道，却走马以粪；天下无道，戎马生于郊。

罪莫大于可欲，祸莫大于不知足。故知足之足，常足矣。

【翻译】

天下实行道的时候，最好的战马却用来种田。天下无道的时候，怀驹的母马也要上战场。

最大的祸害就是不知足，最大的罪过就是贪婪。所以，以知足为满足的人，其满足是永恒的。

第四十七章

不出户，知天下，不闚牖，见天道

【原文】

不出户，知天下；不闚牖，知天道。其出弥远，其知弥少。是以圣人不行而知，不见而明，不为而成。

【翻译】

不出屋门便可知天下，不望窗外便可见天道。走出去越远，知道得越少。

所以圣人不必经历便知道，不必看见就明白，不靠努力而成就。

第四十八章

为学日益，为道日损，损之又损，以至于无为

【原文】

为学日益，为道日损。损之又损，以至于无为，无为而无不为。

取天下常以无事，及其有事，不足以取天下。

【翻译】

追求知识是天天增加学识，追求真道会越来越谦卑。一直谦卑下去，就可以达到无为的境界了。

在无为的境界里，便可以无所不为了。得天下常常是靠无事，倘若极尽其能事，便不能得天下了。

第四十九章

圣人常无心，以百姓心为心

【原文】

圣人常无心，以百姓心为心。

善者吾善之，不善者吾亦善之，德善。

信者吾信之，不信者吾亦信之，德信。

圣人在天下歙歙焉，为天下浑其心。百姓属其耳目焉，圣人皆孩之。

【翻译】

圣人没有是非之心，而是一心为了百姓。

良善的人，以良善待他；不良善的人，也以良善待他，从而结出良善的果子。

信实的人，以信实待他；不信实的人，也以信实待他，从而结出信实的果子。

圣人在天下，以其气息使人心浑然纯朴。百姓们全神贯注，凝视凝听，圣人则把他们当婴孩看待。

第五十章

出生入死，生之徒，十有三，死之徒，十有三

【原文】

出生入死，生之徒十有三，死之徒，十有三，而民生生焉，动皆之死地之十有三。

夫何故？以其生生之厚。盖闻善摄生者，路行不遇兕虎，入军不被兵革；兕无所投其角，虎无所措其爪，兵无所容其刃。夫何故？以其无死地。

【翻译】

出为生入为死，属于生之类的十分之三，属于死之类的十分之三，民众自重其生，动而置于死地的十分之三。

为什么会这样？因为世人太贪恋今生的享乐了。听说善于得到并持守真生命的人，行路不会遇到老虎，打仗不会受到伤害。在他面前，凶牛不知怎么投射它的角，猛虎不知怎么扑张它的爪，敌兵不知怎么挥舞他的刀。为什么会这样？因为他已脱离了死亡的境地啊！

第五十一章

道生之，德畜之，物形之，势成之

【原文】

道生之，德畜之，物形之，势成之，

是以万物莫不尊道而贵德。

道之尊，德之贵，夫莫之爵而常自然。

故道生之畜之；长之育之，亭之毒之；养之覆之。生而不有，为而不恃，长而不宰，是谓玄德。

【翻译】

万物都是由道所生，又有恩德去蓄养，化育为物形，得势而成长。

所以万物没有不敬畏大道、不珍惜恩德的。

大道的可敬和恩德的可贵，在于他不是情动一时、令出一时，乃是自然而然、永恒如此。

所以说，道生出万物，又以恩德去蓄养，使它们成长发育，给它们平安稳定，对它们抚爱保护。然而他这样创造养育却不强行占有，他这样无所不为却不自恃己功，他是万物之主却不任意宰制，这可真是深不可测的恩德啊！

第五十二章

天下有始，可以为天下母

【原文】

天下有始，可以为天下母。既得其母，以知其子，复守其母，没身不殆。

塞其兑，闭其门，终身不勤。开其兑，济其事，终身不救。见小曰明，守柔曰强。用其光，复归其明，无遗身殃。是谓习常。

【翻译】

天下有一个开始，那开始的，就是世界的母亲。既晓得有一位母亲，就知道我们是儿子。既知道我们是儿子，就应当回归守候母亲。若能这样，纵然身体消失，依旧安然无恙。

塞住通达的感官，关闭认识的门户，你就终生不会有劳苦愁烦。敞开你的通达感官，极尽你的聪明能事，你便终生不能得救了。能见到精微才叫明亮，能持守柔顺才叫强壮。借着大道洒下的光亮，复归其光明之中，就不会留下身后的祸殃了。这就是承袭永恒、得到永生的意思。

第五十三章

使我介然有知，行于大道，唯施是畏

【原文】

使我介然有知，行于大道，唯施是畏。

大道甚夷，而民好径。朝甚除，田甚芜，仓甚虚；服文采，带利剑，厌饮食，财货有余；是为盗夸。非道也哉！

【翻译】

假使我稍有见识，行于其中，唯恐偏失。

大道非常平坦，世人却偏行险路。朝廷已很污秽，田园已很荒芜，粮仓已很空虚，却穿着华美的服饰，佩戴锋利的刀剑，吃腻佳肴美味，囤积金银财宝，这不就是强盗头子吗？这个背离大道的世代啊！

第五十四章

修之于身，其德乃真；修之家，其德乃余

【原文】

善建者不拔，善抱者不脱，子孙以祭祀不辍。

修之于身，其德乃真；修之家，其德乃余；修之乡，其德乃长；修之于国，其德乃丰；修之天下，其德乃普。

故以身观身，以家观家，以乡观乡，以国观国，以天下观天下。吾何以知天下然哉？以此。

【翻译】

完善的建造者，其建造的不能拔除。完善的保守者，其保守的不会失落。应当祭祀敬拜这完善者，子子孙孙永不停息。

一个人若这样，他身上的恩德必真实无伪。一家若这样，这一家的恩德必充实有余。一乡若这样，这一乡的恩德必深远流长。一国若这样，这一国的恩德必丰满兴隆。若以此教化天下，其恩德必普行于天下。

所以，将上面的道理用于一身，则知一身；用于一家，则知一家；用于一乡，则知一乡；用于一国，则知一国；用于天下，则知天下。我从何知晓天下之事呢？就是在这里。

第五十五章

含德之厚，比于赤子

【原文】

含德之厚，比于赤子。蜂虿虺蛇不螫，猛兽[illegible]鸟不搏，骨弱筋柔而握固，未知牝牡之合而全作，精之至也。终日号而不嗄，和之至也。

和曰常，知和曰明。益生曰祥，心使气曰强，物壮则老，谓之不道，不道早已。

【翻译】

含德深厚的人，得到道的呵护，如同婴儿得到母亲的呵护一样。对于婴儿，有毒之虫类不来蜇害，凶猛的野兽不来捕捉，善抓善捕的鹰鸟不来攻击。他们筋骨柔弱却能把东西牢固地握住，不知道两性交合但是生殖器官却能自然兴奋起来，因为他们精气纯正。他们整天哭号却不会嗓音沙哑，因为他们与自然的呼吸一样和谐。

知晓自然的和谐之气，也就理解了永恒不变之道。人们知道了永恒不变之道，就有可能达到明察的境界。但是，人们却想要增加自己的生机，认为这是可以达到长生目的的；然后，人们又根据自己的心愿而役使精气，认为这样可以变得更强大。

看起来，从婴儿到成人，似乎是越来越强大了，但是，万事万物都是一旦强壮了就开始衰老了，追求强壮是不符合大道的，不符合大道就会提前导致死亡。也就是说，失去了自然之道而追求强壮，反而会加速死亡，不如复归婴儿。

第五十六章

知者不言，言者不知

【原文】

知者不言，言者不知。

塞其兑，闭其门，挫其锐，解其分，和其光，同其尘，是谓玄同。

故不可得而亲，不可得而疏；不可得而利，亦不可得而害；不可得而贵，不可得而贱。故为天下贵。

【翻译】

真正了解大道的人不说话，多话的人不是真正知道大道的人。因为大道是无法用语言文字解说清楚的。

堵塞自己的口耳，关闭自己的眼鼻，不去受道听途说的干扰；解除自己的棱角，排除纷杂的头绪，让自己的心灵与自然之光相和谐，与大地尘土同在，也就是说物我合一而不强调自我的存在，这可以叫作与玄妙的天道同一。

能够与天道同一，那么，也就不必再求亲近，不必在乎疏远；谈不上对自己是否有利，也谈不上对自己是否有害；不必把什么看作是尊贵的，也不必把什么看作是卑贱的，这样才能成为天下真正最为尊贵的。

第五十七章

以正治国，以奇用兵，以无事取天下

【原文】

以正治国，以奇用兵，以无事取天下。吾何以知其然哉?

天下多忌讳而民弥衅；民多利器而国家滋昏；人多智而苛物滋起，法令滋彰盗贼多有。

故圣人云：我无事而民自富，我无为而民自化，我好静而民自正，我欲不欲而民自朴。

【翻译】

治理国家要用正道，用兵打仗要用奇变，治理天下要不有意做什么事。也就是要掌握正变与无为之道。

我怎么知道应该如此呢？根据我今日所见的情况。现在的天下充满着忌讳，有太多的教条，但是百姓却更加贫穷；百姓有太多的权谋计较，国家政治却更加昏暗；人们有太多的技能智巧，离奇古怪的东西却越来越多；法律命令越来越清楚，盗贼却照样非常众多。

所以，圣人说：“我不凭个人私心去做事，但百姓能自然生化；我喜欢清静虚灵，但百姓能自然按正道而行；我不有意去做事，但百姓能自然富裕起来，我没有个人欲望，但百姓能自然保持其质朴的本性。

第五十八章

其政闷闷，其民淳淳；其政察察，其民缺缺

【原文】

其政闷闷，其民淳淳；其政察察，其民缺缺。

祸兮福之所倚，福兮祸之所伏。孰知其极？

其无正。正复为奇，善复为妖，人之迷，其日固久。

【翻译】

政治好像不清楚，百姓风俗淳朴；政治好像明明白白，但是百姓却有太多的缺憾和疏懒。灾祸是福气产生的根源，福气是灾祸藏伏的处所。这样祸福相互交替，有谁知道何时是极限呢？

天子没有按正道去做，天下走正道的人也会变为追求奇变的人，善良的人也能变为妖孽。人们处在迷惑之中，时间本来就已经很久了。因此，圣人保持自我的方正，却不按唯一的标准去要求众人；保持自我的清廉寡欲，却不割裂伤害众人；保持自我的率直，却不随意做事；保持自我的明察，却不炫耀自我。

第五十九章

方而不割，廉而不刿

【原文】

方而不割，廉而不刿，；直而不肆，光而不耀。治人事天莫若啬。

夫为啬，是以早服；早服谓之重积德；重积德则无不克；无不克则莫知其极；莫知其极，可以有国，有国之母，可以长久，是谓深根固柢，长生久视之道。

【翻译】

秉持方正来而不割伤，行事有棱角而不划伤。正直而不放肆，光明却不耀眼。君主治理人、侍奉天没有比啬更好的原则。只有啬，才可以早服于道。早服于道可以称为厚积德，厚积德则没有什么不可以胜，没什么不可以胜，就不能知道其恒定，不知其恒定的君主就可以常有国家。常有国家而持守道，就可以长久。这就是根深蒂固、长生久视的道理。

第六十章

治大国若烹小鲜。以道莅天下，其鬼不神

【原文】

治大国若烹小鲜。

以道莅天下，其鬼不神。非其鬼不神，其神不伤人。非其神不伤人，圣人亦不伤人。夫两不相伤，故德交归焉。

【翻译】

治理大国，却像烹制小鱼一样根据大道来管理天下大事，鬼神也安于其所在，而不出来扰乱人世。其实不是鬼神不出来扰乱，而是即使出来也不伤人。不是鬼神出来之后不伤人，而是圣人在治理天下的时候也从不伤害人。神鬼和圣人都不相互伤害，所以，道德也就在圣人这里得到了结合与归宿。

第六十一章

大国者下流。天下之牝，天下之交

【原文】

大国者下流。天下之牝，天下之交。牝常以静胜牡，以其静也，故为下。

故大国以下小国，则取小国；小国以下大国，则取大国。故或下以取，或下而取。大国不过欲兼畜人，小国不过欲入事人。夫两者各得其所欲，大者宜为下。

【翻译】

大国应当自愿处在小国的下流，使自己成为天下士民的交会之地，成为天下人的阴柔宁静的立身之处。阴性永远要用宁静来战胜阳性，也就是要把宁静表现为谦虚卑下。

所以，大国用卑下谦虚的态度对待小国，那么，就能得到小国真正的拥护。小国能够用卑下谦虚的态度对待大国，那么，就能得到大国的信任。也就是说，国家不分大小，都应当以谦虚卑下自处。因此，或者表现为大国通过谦虚来得到小国的拥护，或者表现为小国通过谦虚来得到大国的信任。

大国不过是想要兼容并蓄更多的人，小国不过是想要进入大国之中来做事。无论是大国还是小国，都能各自得到他们所想要的结果，这是很自然的事，但是，大国应该永远保持谦虚卑下的态度，而不能恃强大而自傲。

第六十二章

道者万物之奥，善人之宝，不善人之所保

【原文】

道者万物之奥，善人之宝，不善人之所保。

美言可以市，尊行可以贺人。人之不善，何弃之有？故立天子，置三公，虽有拱璧以先驷马，不如坐进此道。

古之所以贵此道者何？不曰求以得，有罪以免邪？故为天下贵。

【翻译】

道是万物所尊，善人的宝贝，罪人的中保。

美好的言辞固然可以博取尊荣，美好的行为固然使人得到敬重，然而人的不善怎能被剔除弃绝呢？所以，就是立为天子，封为三公（太师、太傅、太保），财宝无数，荣华加身，还不如坐进这大道里呢！

古时候为什么重视道呢？不就是因为在他里面，寻求就能得著，有罪能得赦免吗？所以道是天下最尊贵的啊！

第六十三章

为无为，事无事，味无味，大小多少，报怨以德

【原文】

为无为，事无事，味无味，

大小多少，抱怨以德。

图难于其易，为大于其细。天下难作于易，天下大作于细。

是以圣人终不为大，故能成其大。夫轻诺必寡信，多易必多难，是以圣人犹难之，故终无难矣。

【翻译】

把清静无为当成作为，以平安无事作为事情，用恬淡无味当作味道。

以小为大，以少为多，以德报怨。

在容易之时谋求难事，在细微之处成就大事。天下的难事，必从容易时做起；天下的大事，必从细微处着手。

所以，圣人自始至终不自以为大，而能成就其伟大的事业。轻易地许诺，必不大可信；看起来容易的，到头来必难。所以，圣人犹有艰难之心，但终无难成之事。

第六十四章

其安易持，其未兆易谋，其脆易泮，其微易散

【原文】

其安易持，其未兆易谋。其脆易泮，其微易散。为之于未有，治之于未乱。

合抱之木，生于毫末，九层之台起于累土，百仞之高始于足下。

为者败之，执者失之。是以圣人无为，故无败；无执，故无失。

民之从事，常于几成而败之。慎终如始，则无败事。

是以圣人欲不欲，不贵难得之货；学不学，复众人之所过。以辅万物之自然，而不敢为。

【翻译】

安然平稳，便容易持守；未见兆端，可从容图谋。脆弱不支的，容易瓦解；细微不显时，容易消散。要趁事情未发生时努力，要趁世道未混乱时治理。

合抱的粗木，是从细如针毫时长起来的；九层的高台，是一筐土一筐土筑起来的；千里的行程，是一步又一步迈出来的。

人为努力的，必然失败；人为持守的，必然丧失。所以，圣人不是靠自己的作为，就不失败；不是自己努力去持守，就不丧失。

世人行事，往往是几近成功的时候又失败了。到最后一刻还像刚开始时一样谨慎，就不会有失败的事了。

所以，圣人要世人所遗弃不要的，而不看重世人所珍惜看重的；圣人学世人以为愚拙而不学的，将众人从过犯中领回来。圣人这样做，是顺应万物的自在本相，而不是一己的作为。

第六十五章

古之善为道者，非以明民，将以愚之

【原文】

古之善为道者，非以明民，将以愚之。

民之难治，以其智多。故以智治国，国之贼；不以智治国，国之福。

知此两者，亦稽式。常知稽式，是谓玄德。玄德深矣，远矣，与物反矣，然后乃至大顺。

【翻译】

古时善于行道的人，不是使世人越来越聪明，而是使世人越来越愚朴。

世人所以难管理，就因为人的智慧诡诈多端。所以若以人的智慧治理国家，必然祸国殃民；若不以人的智慧治理国家，则是国家的福气。

要知道，这两条是不变的法则。能永远记住这个法则，就叫至高无上的恩德。这至高无上的恩德啊！多么奥妙，多么深远，与一般事理多么不协调，甚至大相径庭，然而，唯此才是通向大顺的啊！

第六十六章

江海能为百谷王者，以其善下，故能为百谷王

【原文】

江海所以能为百谷王者，以其善下之，故能为百谷王。

是以欲上民，必以言下之；欲先民，必以身后之。是以圣人处上而民不重，处前而民不害。是以天下乐推而不厌。以其不争，故天下莫能与之争。

【翻译】

大江大海能汇聚容纳百川流水，是因为它所处低下，便为百川之王。

若有人想在万民之上，先得自谦为下；要为万民之先，先得自卑为后。圣人正是这样，他在上，人民没有重担；他在前，人民不会受害。所以普天下都热心拥戴而不厌倦。他不争不竞，谦卑虚己，所以天下没有人能和他相争。

第六十七章

我有三宝，一曰慈，二曰俭，三曰不敢为天下先

【原文】

天下皆谓我大以不肖。夫唯大，故不肖。若肖，久矣其细也夫。

我有三宝，持而保之。一曰慈，二曰俭，三曰不敢为天下先。

慈，故能勇；俭，故能广；不敢为天下先，故能为成器长。

今舍慈且勇，舍俭且广，舍后且先，死矣。

夫慈，以战则胜，以守则固。天将救之，以慈卫之。

【翻译】

世人都说我的道太大，简直难以想象为何物。正因为他大，才不具体像什么。若具体像什么，他早就藐小了。

我有三件宝贝，持守不渝。一是慈爱，二是俭朴，三是不敢在这世上争强好胜，为人之先。

慈爱才能勇敢，俭朴才能扩增，不与人争强好胜，才能为人师长。

当今之人，失了慈爱只剩下勇敢，失了俭朴只追求扩增，失了谦卑只顾去抢先，离死亡不远了！

慈爱，用它来征战就胜利，用它来退守必坚固。上天要拯救的，必以慈爱来护卫保守。

第六十八章

善为士者不武，善战者不怒，善胜敌者不与

【原文】

善为士者不武，善战者不怒，善胜敌者不与，善用人者为之下。是谓不争之德，是谓用人，是谓配天，古之极。

【翻译】

真正的勇士不会杀气腾腾，善于打仗的人不用气势汹汹，神机妙算者不必与敌交锋，善于用人者甘居于人之下。这就叫不争不竞之美德，这就是得人用人之能力，这就算相配相合于天道。上古之时便如此啊！

第六十九章

祸莫大于无敌，无敌几丧吾宝

【原文】

用兵有言：吾不敢为主而为客，不敢进寸而退尺。是谓行无行，攘无臂，执无兵，乃无敌。

祸莫大于无，无敌几丧吾宝。

故抗兵相若，哀者胜矣。

【翻译】

用兵者有言："我不敢主动地举兵伐人，而只是被动地起兵自卫；我不敢冒犯人家一寸，而宁肯自己退避一尺。"这样，就不用列队，不必赤臂，不需武器，因为天下没有敌人了。

最大的祸害是轻敌，轻敌几乎能断送我的宝贝。

所以若两军对峙，旗鼓相当，那悲伤哀恸的一方必胜无疑。

第七十章

吾言甚易知，甚易行，天下莫能知，莫能行

【原文】

吾言甚易知，甚易行。天下莫能知，莫能行。

言有宗，事有君。夫唯无知，是以不我知。

知我者希，则我贵矣。是以圣人被褐怀玉。

【翻译】

我的话很容易明白，很容易实行。天下的人却不能明白，不能实行。

（我的）话有根源，（我的）事有主人。你们自以为有知识，所以不认识我（的话和我的事）。

明白我的人越是稀少，表明我所有的越是珍贵。所以圣人外表是粗麻衣，内里有真宝贝。

第七十一章

夫唯病病，是以不病

【原文】

知不知，上。不知知，病。夫唯病病，是以不病。圣人不病，以其病病，是以不病。

【翻译】

知道自己无知，最好。无知却自以为知道，有病。只有把病当成病来看，才会不病。圣人不病，就是因为他知道这是病，所以不病。

第七十二章

民不畏威，则大威至，无狎其所居，无厌其所生

【原文】

民不畏威，则大威至。

无狎其所居，无厌其所生。夫唯不厌，是以不厌。

是以圣人自知不自见，自爱不自贵。故去彼取此。

【翻译】

当人民不再敬畏任何人的权威时，真正的大权威就来到了。

不要妨害人们的安居，不要搅扰人们的生活。只要不令人们生厌，人们就不会厌恶权威。

所以，圣人深知自己，却不自我炫耀；他珍爱自己，却不自我尊贵。

第七十三章

勇于敢则杀，勇于不敢则活

【原文】

勇于敢则杀，勇于不敢则活。此两者或利或害。天之所恶，孰知其故？

天之道，不争而善胜，不言而善应，不召而自来，繟然而善谋。天网恢恢，疏而不失。

【翻译】

有勇气自恃果敢，贸然行事的，必死。有勇气自认怯懦，不敢妄为的，得活。这两种勇气，一个有利，一个有害。上天所厌恶的，谁晓得个中原委呢？

上天的道，总是在不争不竞中得胜有余，在无言无语中应答自如，在不期然时而至，在悠悠然中成全。上天的道，如同浩瀚缥缈的大网，稀疏得似乎看不见，却没有什么可以漏网逃脱。

第七十四章

民不畏死，奈何以死惧之

【原文】

民不畏死，奈何以死惧之？若使民常畏死，而为奇者吾得而杀之，孰敢？

常有司杀者，夫代司杀者杀，是谓代大匠斲，夫代大匠斲者，希有不伤其手矣。

【翻译】

人民若不怕死，以死来恫吓他们又有什么用呢？如果先使人民惧怕死亡，有为非作歹的人再处死，这样谁还敢为非作歹呢？

冥冥永恒中，已有一位主宰生杀予夺的。企图取而代之去主宰生杀予夺的人，就好像外行人代替木匠砍削木头。代替木匠砍削木头的人，少有不伤着自己手的。

第七十五章

人之饥，以其取食税之多，是以饥

【原文】

人之饥，以其取食税之多，是以饥。

百姓之不治，以上之有以为，是以不治。

民之轻死，以其上求生之厚，是以轻死。

夫唯无以生为者，是贤贵生。

【翻译】

人民吃不饱，是因为统治者吃税太多，所以吃不饱。

人民不好管，是因为统治者人为造事，所以不好管。

人民不在乎死，是以为他们追求今生太过分，以致不在乎死。

所以，唯有不执着于今生享乐的，比那些过分看重今生的人更高明。

第七十六章

人之生也柔弱，其死也坚强

【原文】

人之生也柔弱，其死也坚强。

万物草木之生也柔脆，其死也枯槁。

故坚强者死之徒，柔弱者生之徒。

是以兵强则不胜，木强则兵。

强大处下，柔弱处上。

【翻译】

人活着的时候，身体是柔弱的，一死就僵硬了。

草木活着的时候，枝叶是柔脆的，一死就枯槁了。

所以坚强的，属于死亡；柔弱的，属于生命。草木之生也柔脆，其死也枯槁。

军队一强大就要被消灭了，树木一强盛就要被砍伐了。

强大的处于下势，柔弱的处于上势。

第七十七章

天之道，其犹张弓与

【原文】

天之道，其犹张弓与！高者抑之，下者举之，有余者损之，不足者补之。

天之道，损有余而补不足；人之道则不然，损不足以奉有余。

孰能有余以奉天下者？唯有道者。

是以圣人为而不恃，功成而不处，其不欲见贤。

【翻译】

上天的道，不就像张弓射箭一样吗？高了向下压，低了向上举，拉过了松一松，不足时拉一拉。

上天的道，是减少有余的，补给不足的。人间的道却不这样，是损害不足的，加给有余的。

谁能自己有余而用来奉献给天下呢？唯独有道的人。

所以，圣人做事不仗恃自己的能力，事成了也不视为自己的功劳，不让人称赞自己有才能。

第七十八章

天下莫柔弱于水，而攻坚强者莫之能胜

【原文】

天下莫柔弱于水，而攻坚强者莫之能胜，以其无以易之。

水之胜刚，弱之胜强，柔之胜强，天下莫不知，莫能行。

是以圣人云：受国之垢，是谓社稷主；受国不祥，是为天下王。正言若反。

【翻译】

天下万物中，没有什么比水更柔弱了。然而对付坚强的东西，没有什么能胜过水了。这是因为水柔弱得没有什么能改变它。

这个柔弱胜刚强的道理，天下的人没有不知道的，却没有能实行的。

所以圣人说：“那为国受辱的，就是社稷之主；那为国受难的，就是天下之王。这些正面肯定的话，听起来好像反话一样，不容易理解。

第七十九章

和大怨，必有余怨，安可以为善

【原文】

和大怨，必有余怨，安可以为善？

是以圣人执左契，而不责于人。有德司契，无德司彻。

天道无亲，常与善人。

【注释】

古时借债，刻在一块板上，劈开，债主存左边，债人存右边；此为司契。司彻则是贵族按成征收税租。

【翻译】

用调和的办法化解怨恨，怨恨并不能消失殆尽，这岂算得上良善呢？

所以，圣人掌握着欠债的存根，却不索取偿还。有德之人明潦欠债而已，并不追讨；无德之人却是苛取搜刮，珠锱必较。

上天之道，公义无私，永远与良善的人同在。

第八十章

小国寡民，使有什伯人之器而不用

【原文】

小国寡民，使有什伯人之器而不用，使民重死而不远徙。虽有舟舆，无所乘之；虽有甲兵，无所陈之；

使人复结绳而用之。甘其食，美其服，乐其俗，安其居。邻国相望，鸡犬之声相闻，民至老死不相往来。

【翻译】

国家小，人口少。即使有十倍百倍于人力的器具也不使用。人们畏惧死亡而不远行迁徙。虽有车船，却没有地方使用；虽有军队，也没有地方部署。

让人们再用结绳记事的办法，以其饮食为甘甜，以其服饰为美好，以其居处为安逸，以其习俗为快乐。邻国的人们相互可以看见，鸡鸣狗叫声相互可以听到，但人民直到老死也不相互往来。

第八十一章

信言不美，美言不信

【原文】

信言不美，美言不信；

知者不博，博者不知。

善者不辩，辩者不善。

圣人不积，既以为人己愈有，既以与人己愈多。

天之道，利而不害；人之道，为而不争。

【翻译】

可信的不华美，华美的不可信。

良善的不巧辩，巧辩的不良善。

真懂的不广博，广博的不真懂。

圣人不为自己积攒什么："既然一切都是为了世人，自己就愈发拥有了；既然一切都已给了世人，自己就愈发丰富了。

上天的道，有利于天下，而不加害于天下。圣人的道，是为了世人，而不与世人相争。

作品评价

《道德经》其要在乎理身、理国。理国则绝矜尚华薄，以无为不言为教。理身则少私寡欲，以虚心实腹为务。

——唐玄宗

伯阳五千言，读之甚有益，治身治国，并在其中。

——宋太宗

老子思想的集大成——《道德经》，像一个永不枯竭的井泉，满载宝藏，放下汲桶，唾手可得。

——尼采

或许除了《道德经》之外，我们将要焚毁所有的书籍，而在《道德经》中寻得智慧的摘要。

——威尔·杜兰

每个德国家庭买一本中国的《道德经》，以帮助解

决人们思想上的困惑。

——施罗德（德国总理）

道家的思想，在探究宇宙和谐的奥秘、寻找社会的公正与和平、追求心灵的自由和道德完满三个层面上，对我们这个时代都有新启蒙思想的质。道家在两千多年前发现的问题，随着历史的发展，愈来愈清楚地展现在人类的面前。

——普利高津（比利时布鲁塞尔自由大学教授、诺贝尔化学奖获得者）

相关成语

玄之又玄

【出处】

《道德经》第一章："玄之又玄，众妙之门。"

【释义】

玄：深黑色，玄妙深远的含义。

门：之门，一切奥妙变化的总门径，此用来比喻宇宙万物的唯一原"道"的门径。

它不是一般的玄妙、深奥，而是玄妙又玄妙、深远又深远，是宇宙天地万物之奥妙的总门（从"有名"的奥妙到达无形的奥妙，"道"是洞悉一切奥妙变化的门径）。

功成不居

【出处】

《道德经》第二章："万物作而不始，生而不有，为而不恃，功成不居。夫唯不居，是以不去。"

【释义】

居：承当，占有。

原意是任其自然存在，不去占为己有。后形容立了功而不把功劳归于自己。

无为而（之）治

【出处】

《道德经》第三章：“为无为，则无不为。”

【释义】

治：治理，此意是治理得天下太平。

自己无所作为而使天下得到治理。原指舜当政的时候，沿袭尧的主张，不做丝毫改变。后泛指以德化民。

和光同尘

【出处】

《道德经》第四章：“（道能）“挫其锐，解其纷，和其光，同其尘。”

【释义】

和、同：混合。

和光：混合各种光彩。

同尘：与尘俗相同。

指不露锋芒，与世无争的消极处世态度。也比喻同流合污。

多言数穷

【出处】

《道德经》第五章："多言数穷，不如守中。"

【释义】

老子认为，见多识广，有了智慧，反而政令烦苛，破坏了天道。数：通"速"，是加快的意思。穷：困穷，穷尽到头，无路可行。

守中：中，通冲，指内心的虚静，守住虚静。

言多必失，必有理屈之时。

天长地久

【出处】

《道德经》第七章：“天长地久，天地所以能长且久者，以其不自生，故能长生。”

【释义】

长、久：均指时间长久。以其不自生也：因为它不为自己生存。以，因为。跟天和地存在的时间那样长。

时间长，日子久。形容时间悠久。也形容永远不变。

上善若水

【出处】

《道德经》第八章：“上善若水。水善利万物而不争，处众人之所恶，故几于道。

【释义】

上，最的意思。上善即最善。这里老子以水的形象来说明“圣人”是道的体现者，因为圣人的言行有类于水，而水德是近于道的。

处众人之所恶：即居处于众人所不愿去的地方。

几于道：几，接近。即接近于道。说的是做人的方法，即做人应如水，水滋润万物，但从不与万物争高下，这样的品格才最接近道。

最善的人好像水一样。水善于滋润万物而不与万物相争，停留在众人都不喜欢的地方，所以最接近于“道”。

金玉满堂

【出处】

《道德经》第九章："金玉满堂，莫之能守。"

【释义】

金玉满堂，无法守藏。形容财富极多。也形容学识丰富。

功成身退

【出处】

《道德经》第九章：“功遂身退，天之道。”

【释义】

功成身退：功成名就之后，不再身居其位，而应适时退下。

“身退”并不是退隐山林，而是不居功贪位。

身：自身，自己。

天之道：指自然规律。

指大功告成之后，自行隐退，不再复出。

功成名遂

【出处】

《道德经》第九章："功遂身退，天之道。"《墨子·修身》："功成名遂，名誉不可虚假。"

【释义】

功绩建立了，名声也有了。

目迷五色

【出处】

《道德经》第十二章：“五色令人目盲，五音令人耳聋，五味令人口爽。”

【释义】

五色：指青、黄、赤、白、黑。此指色彩多样。

目盲：比喻眼花缭乱。

五音：指宫、商、角、徵、羽。这里指多种多样的音乐声。

耳聋：比喻听觉不灵敏，分不清五音。

五味：指酸、苦、甘、辛、咸，这里指多种多样的美味。

口爽：意思是味觉失灵，生了口病。古代以“爽”为口病的专用名词。

缤纷的色彩，使人眼花缭乱；嘈杂的音调，使人听觉失灵；丰盛的食物，使人舌不知味形容颜色既多又杂，因而看不清。比喻事物错综复杂，不易分辨清楚。

宠辱若惊

【出处】

《道德经》第十三章：“宠辱若惊，贵大患若身。何谓宠辱若惊？宠為下，得之若惊，失之若惊，是谓宠辱若惊。”

【释义】

宠辱：荣宠和侮辱。

贵大患若身：贵，珍贵、重视。重视大患就像珍贵自己的身体一样。

宠为下：受到宠爱是光荣的、下等的。

惊：惊惶不安。

受到宠爱和受到侮辱都好像受到惊恐，把荣辱这样的大患看得与自身生命一样珍贵。什么叫做得宠和受辱都感到惊慌失措？得宠是卑下的，得到宠爱感到格外惊喜，失去宠爱则令人惊慌不安。这就叫作得宠和受辱都感到惊恐。

不可名状

【出处】

《道德经》第十四章："其上不皦，其下不昧，绳绳兮不可名，复归於无物。是谓无状之状，无象之象，是谓恍惚。"

【释义】

名："用言语说出；状："描绘。徼：清白、清晰、光明之意。

昧："阴暗。

绳绳："不清楚、纷纭不绝。

无物：无形状的物，即"道"。

惚恍：若有若无，闪烁不定。

形容无法用语言来形容。

它的上面既不显得光明亮堂；它的下面也不显得阴

暗晦涩，无头无绪、延绵不绝却又不可称名，一切运动都又回复到无形无象的状态。这就是没有形状的形状，不见物体的形象，这就是“惚恍”。

视而不见 听而不闻

【出处】

《道德经》第十四章："视之不见，名曰夷；听之不闻，名曰希；"《礼记·大学》："心不在焉，视而不见，听而不闻，食而不知其味。"

【释义】

夷：无色。

希：无声。闻：听。听了跟没听到一样。

形容不关心，不在意。

看它看不见，把它叫作"夷"；听它听不到，把它叫作"希"。

虚怀若谷

【出处】

《道德经》第十五章："敦兮，其若朴；旷兮，其若谷。"

【释义】

敦兮其若朴：形容敦厚老实的样子。

旷兮其若谷：形容心胸开阔、旷达。

他纯朴厚道啊，好像没有经过加工的原料；他旷远豁达啊，好像深幽的山谷。

涣然冰释

【出处】

《道德经》第十五章："涣兮，其若冰之将释。"

【释义】

涣然：流散的样子；释：消散。像冰遇热消融一般。

他行动洒脱啊，好像冰块缓缓消融。

形容疑虑、误会、隔阂等完全消除。

芸芸众生

【出处】

《道德经》第十六章："夫物芸芸，各复归其根。"

【释义】

芸芸：茂盛、纷杂、繁多，形容众多。

众生：原指一切生物，后指许多人。

归根：根指道，归根即复归于道。

原指世间的一切生灵。后多指大群无知无识的人。

那万物纷纷芸芸，各自返回它的本根。

绝仁弃义

【出处】

《道德经》第十九章："绝圣弃智，民利百倍，绝仁弃义，民复孝德。"

【释义】

绝圣弃智：抛弃聪明智巧。此处"圣"不作"圣人"，即最高的修养境界解，而是自作聪明之意。

绝、弃：放弃。

抛弃聪明智巧，人民可以得到百倍的好处；抛弃仁义，人民可以恢复孝慈的天性。

指放弃世俗倡导的仁义，回复到人的本性。这是老子无为而的思想。

绝圣弃智

【出处】

《道德经》第十九章：“绝圣弃智，民利百倍；绝仁弃义，民复孝慈；绿色通巧弃利，盗贼无有。”

【释义】

圣、智：智慧，聪明。弃绝聪明才智，返归天真纯朴。

这是古代老、庄的无为而治的思想。

绝仁弃义

【出处】

《道德经》第十九章："绝仁弃义，民复孝慈；绿色通巧弃利，盗贼无有。"

【释义】

指放弃世俗倡导的仁义，回复到人的本性。这是老子无为而治的思想。

见素抱朴、爱素好古

【出处】

《道德经》第十九章：“见素抱朴，少私寡欲，绝学无忧。

【释义】

见素抱朴：意思是保持原有的自然本色。“素”是没有染色的丝；“朴”是没有雕琢的木；素、朴是同义词。

绝学无忧：指弃绝仁义圣智之学。

保持纯洁朴实的本性，减少私欲杂念，抛弃圣智礼法的浮文，才能免于忧患。

是说要推举圣人，实行法治，即用“无为之治”取代“有为之治”。对应于“绝圣弃智”。

少私寡欲

【出处】

《道德经》第十九章："见素抱朴，少私寡欲，绝学无忧。

【释义】

保持纯洁朴实的本性，减少私欲杂念，抛弃圣智礼法的浮文，才能免于忧患。

指欲望很小。

如登春台

【出处】

《道德经》第二十章：“众人熙熙，如享太牢，如登春台。”

【释义】

熙熙：熙，和乐，用以形容纵情奔欲、兴高采烈的情状。

享太牢：太牢是古代人把准备宴席用的牛、羊、猪事先放在牢里养着。此句为参加丰盛的宴席。

如春登台：好似在春天里登台眺望。

春台：美好的旅游、观光的地方。

比喻极好的生活环境。好像生活在幸福的太平世界里。

众人熙熙攘攘、兴高采烈，如同去参加盛大的宴席，如同春天里登台眺望美景。

相去几何

【出处】

《道德经》第二十章："唯之与阿，相去几何？美之与恶，相去何若？"

【释义】

唯，恭敬地答应，这是晚辈回答长辈的声音；阿，怠慢地答应，这是长辈回答晚辈的声音。唯的声音低，阿的声音高，这是区别尊贵与卑贱的用语。

去：距离；几何：多少。

美，一本作善，恶作丑解。即美丑、善恶。

彼此之间相关多远呢？表示差别不大。

应诺和呵斥，相距有多远？美好和丑恶，又相差多少？

独异于人

【出处】

《道德经》第二十章："我欲独异于人，而贵食母。"

【释义】

独：独自，单独；异：不同。独自与别人不同的。一般指不同于世俗。

母用以比喻"道"，道是生育天地万物之母。此名意为以守道为贵。

我唯独与人不同的，关键在于得到了"道"。

委曲求全

【出处】

《道德经》第二十二章：“曲则全，枉则直。”

【释义】

枉：屈、弯曲。

委曲便会保全，屈枉便会直伸。

暴风骤雨

【出处】

《道德经》第二十三章：“故飘风不终朝，骤雨不终日。”

【释义】

飘风：大风、强风。

骤雨：大雨、暴雨。

暴、骤：急速，突然。又猛又急的大风雨。比喻声势浩大，发展急速而猛烈。

狂风刮不了一个早晨，暴雨下不了一整天。

余食赘行

【出处】

《道德经》第二十四章：“自见者不明；自是者不彰；自伐者无功；自矜者不长。其在道也，曰：“余食赘行，物或恶之，故有道者不居。”

【释义】

赘形：多余的形体，因饱食而使身上长出多余的肉。

自逞己见的反而得不到彰明；自以为是的反而得不到显昭；自我夸耀的建立不起功勋；自高自大的不能做众人之长。从道的角度看，以上这些急躁炫耀的行为，只能说是剩饭赘瘤。因为它们是令人厌恶的东西，所以有道的人决不这样做。

吃剩的食物，身上的赘疣。比喻遭人讨厌的东西。

知雄守雌

【出处】

《道德经》第二十八章："知其雄，守其雌，为天下溪。"

【释义】

雄：比喻刚劲、躁进、强大、雄强。

雌：比喻柔静、软弱、谦下、雌伏，不倔强。

溪：沟溪。

弃刚守柔。比喻与人无争。

深知什么是雄强，却安守雌柔的地位，甘愿做天下的溪涧。

知荣守辱

【出处】

《道德经》第二十八章：“知其荣，守其辱，为天下谷。”

【释义】

荣：荣誉，宠幸。

守：安于。

辱：侮辱、羞辱。

谷：深谷、峡谷，喻胸怀广阔。虽然知道怎样可得到荣誉，却安于受屈辱的地位。

深知什么是荣耀，却安守卑辱的地位，甘愿做天下的川谷。

去甚去泰

【出处】

《道德经》第二十九章："是以圣人去甚、去奢、去泰。"

【释义】

泰：极、太。

因此，圣人要除去那种极端、奢侈的、过度的措施法度。

指做事不能太过分。

天道好还

【出处】

《道德经》第三十章："以道佐人主者，不以兵强天下，其事好还。"

【释义】

其事好还：用兵这件事一定能得到还报。还：还报、报应。

依照"道"的原则辅佐君主的人，不以兵力逞强于天下。穷兵黩武这种事必然会得到报应。

不得已而为之

【出处】

《道德经》第三十一章：“兵者不祥之器，非君子之器，不得已而用之，恬淡为止。”

【释义】

恬淡：安静、沉着。

没有办法，只能这样做。

兵器这个不祥的东西，不是君子所使用的东西，万不得已而使用它，最好淡然处之

自知之明

【出处】

《道德经》第三十三章："知人者智也，自知者明。"

【释义】

自知：自己了解自己。

明：看清事物的能力。

指了解自己的情况，对自己有正确的估计。

能了解、认识别人叫作智慧，能认识、了解自己才算聪明。

富在知足

【出处】

《道德经》第三十三章：“知足者富，强行者有志。”

【释义】

强行：坚持不懈、持之以恒。

知道满足的人才是富有人。坚持力行、努力不懈的就是有志。

虽死犹生

【出处】

《道德经》第三十三章："不失其所者久，死而不亡者寿。"

【释义】

死而不亡：身虽死而"道"犹存。

不离失本分的人就能长久不衰，身虽死而"道"仍存的，才算真正的长寿。

视之不见，听之不闻

【出处】

《道德经》第三十五章：“道之出口，视之不足见，听之不足闻，用之不足既。”

【释义】

既：尽的意思。

用言语来表述大道，是平淡而无味儿的，看它，看也看不见，听它，听也听不见，而它的作用，却是无穷无尽的，无限制的。

看见了同没有看见一样，听见了同没有听见一样。形容不重视，不注意。同“视而不见，听而不闻”。

欲取姑予

【出处】

《道德经》三十六章："将欲取之，必故与之。"

【释义】

取：一本作"夺"。

故：暂且。

与：给，同"予"字。

要想夺取他些什么，得暂且先给他些什么。指先付出价以诱使对方放松警惕，然后找机会夺取。

无中生有

【出处】

《道德经》第四十章：“天下万物生于有，有生于无。”

【释义】

有：这里指道的有形质，与一章中“有名万物之母的”的“有”相同。但不是有无相生的“有”字。

无：与一章中的“无名天地之始”的“无”相同。但不同于“有无相生”的“无”。此处的“无”指超现实世界的形上之道。

天下的万物产生于看得见的有形质，有形质又产生于不可见的无形质。

若存若亡

【出处】

《道德经》第四十一章：“上士闻道，勤而行之；中士闻道，若存若亡；下士闻道，大笑之。”

【释义】

上士听了道的理论，努力去实行；中士听了道的理论，将信将疑；下士听了道的理论，哈哈大笑。

大音希声

【出处】

《道德经》第四十一章："大音希声，大象无形，道隐无名。"

【释义】

最大的声响，反而听来无声无息；最大的形象，反而没有形状。

指最大最美的声音乃无声之音。

欲益反损

【出处】

《道德经》第四十二章："故物或益之而损，或损之而益。"

【释义】

所以一切事物，如果减损它却反而得到增加；如果增加它却反而得到减损。

多藏厚亡

【出处】

《道德经》第四十四章："是故甚爱必大费，多藏必厚亡。"

【释义】

指积聚很多财物而不能周济别人，引起众人的怨恨，最后会损失更大。

知足不辱

【出处】

《道德经》第四十四章："故知足不辱，知止不殆，可以长久。"

【释义】

知足不辱：今本没有"故"字，据帛书补之。

所以说，懂得满足，就不会受到屈辱；懂得适可而止，就不会遇见危险；这样才可以保持住长久的平安。

知道满足就不会受到羞辱。表示不要有贪心。

大巧若拙

【出处】

《道德经》第四十五章：“大直若屈，大巧若拙，大辩若讷。”

【释义】

屈：曲。

讷：拙嘴笨舌。

最正直的东西，好似有弯曲一样；最灵巧的东西，好似最笨拙的；最卓越的辩才，好似不善言辞一样。

指真正聪明的人，不显露自己，从表面看，好像笨拙。

损之又损

【出处】

《老子》第四十八章："为学日益，为道日损，损之又损，以至于无为。"

【释义】

为学，是反映探求外物的知识。此处的"学"当指政教礼乐。

日益：指增加人的知见智巧。

为道，是通过冥想或体验的途径，领悟事物未分化状态的"道"。此处的"道"，指自然之道，无为之道。

损，指情欲文饰日渐泯损。

求学的人，其情欲文饰一天比一天增加；求道的人，其情欲文饰则一天比一天减少。减少又减少，到最后以至于"无为"的境地。

出生入死

【出处】

《道德经》第五十章："出生入死，生之徒，十有三，死之徒，十有三。"

【释义】

出生入死：出世为生，入地为死。一说离开了生存必然走向死亡。

徒，应释为类。生之徒即长寿之人。

十有三：十分之三。

人始出于世而生，最终入于地而死。属于长寿的人有十分之三；属于短命而亡的人有十分之三；

原意是从出生到死去。后形容冒着生命危险，不顾个人安危。

福倚祸伏或福祸相依

【出处】

《道德经》第五十八章："祸兮福之所倚；福兮祸之所伏。"

【释义】

灾祸啊，幸福依傍在它的里面；幸福啊，灾祸藏伏在它的里面。

指福祸互为因果，互相转化

深根固柢或根深蒂固

【出处】

《道德经》第五十九章：“有国之母，可以长久，是谓深根固柢，长生久视之道。”

【释义】

有了治理国家的原则和道理，国家就可以长久维持。国运长久，就叫作根深柢固，符合长久维持之道。

有国，含有保国的意思。

母，根本、原则。

使根基深固，不易动摇。比喻基础稳固，不容易动摇。

长生久视

【出处】

《道德经》五十九章："有国之母，可以长久，是谓深根固柢，长生久视之道。"

【释义】

久视：不老，耳目不衰。形容长寿。

长生久视：长久地维持、长久存在。

符合长久维持之道。

报怨以德或以德报怨

【出处】

《道德经》六十三章：“大小多少，报怨以德。”

《论语·宪问》：“或曰：‘以德报怨何如？’”子曰：“‘何以报德？以直报怨，以德报德。’”

【释义】

大小多少：大生于小，多起于少。另一解释是大的看作小，小的看作大，多的看作少，少的看作多，还有一说是，去其大，取其小，去其多，取其少。

不记别人的仇，反而给他好处。

轻诺寡信

【出处】

《道德经》六十三章：“夫轻诺必寡信，多易必多难。”

【释义】

那些轻易发出诺言的，必定很少能够兑现的，把事情看得太容易，势必遭受很多困难。

轻易答应人家要求的，一定很少守信用。

千里之行，始于足下

【出处】

《道德经》第六十四章：“合抱之木，生于毫末；九层之台，起于累土；千里之行，始于足下。”

【释义】

毫末：细小的萌芽。

累土：堆土。

合抱的大树，生长于细小的萌芽；九层的高台，筑起于每一堆泥土；千里的远行，是从脚下第一步开始走出来的。

比喻事情的成功，是从小到大逐渐积累起来的。

慎终如始

【出处】

《老子》第六十四章："慎终如始，则无败事。"

【释义】

人们做事情，总是在快要成功时失败，所以当事情快要完成的时候，也要像开始时那样慎重，就没有办不成的事情。

俭故能广

【出处】

《老子》第六十七章：“慈故能勇，俭故能广。”

【释义】

慈故能勇：仁慈所以能勇武。

俭故能广：俭啬所以能大方。

有了这柔慈，所以能勇武；有了俭啬，所以能大方

得寸进尺或寸进尺退

【出处】

《道德经》第六十九章："用兵有言："吾不敢为主而为客，不敢进寸而退尺。"

【释义】

为主：主动进攻，进犯敌人。

为客：被动退守，不得已而应敌。

我不敢主动进犯，而采取守势；不敢前进一步，而宁可后退一尺。得了一寸，还想再进一尺。

比喻贪心不足，有了小的，又要大的。

哀兵必胜

【出处】

《道德经》第六十九章："祸莫大于轻敌，轻敌几丧吾宝，故抗兵相若，哀者胜矣。"

【释义】

抗兵相若：意为两军相当。

哀：闵、慈。

原意是力量相当的两军对阵，悲愤的一方获得胜利。后指因受欺侮而奋起抵抗的军队，必定能取胜。

被褐怀玉、被褐怀珠

【出处】

《道德经》第七十章："知我者希，则我者贵，是以圣人被褐怀玉。"

【释义】

则：法则。此处用作动词，意为效法。

被褐：被，穿着；褐，粗布。

怀玉：玉，美玉，此处引申为知识和才能。"怀玉"意为怀揣着知识和才能。

能理解我的人很少，那么能取法于我的人就更难得了。因此有道的圣人总是穿着粗布衣服，怀里揣着美玉。

身穿粗布衣服而怀抱美玉。比喻虽是贫寒出身，但有真才实学。

天网恢恢，疏而不漏

【出处】

《道德经》第七十三章："天网恢恢，疏而不失。"

《魏书·任城王传》："天网恢恢，疏而不漏。"

【释义】

天网恢恢：天网指自然的范围；恢恢，广大、宽广无边。

疏而不失：虽然宽疏但并不漏失。

自然的范围，宽广无边，虽然宽疏但并不漏失。

意思是天道公平，作恶就要受惩罚，它看起来似乎很不周密，但最终不会放过一个坏人。比喻作恶的人逃脱不了国法的惩处。

取长补短

【出处】

《老子》第七十七章：“有馀者损之，不足者补之。”

【释义】

拉得过满了就把它放松一些，拉得不足了就把它补充一些。

小国寡民

【出处】

《道德经》第八十章："小国寡民，使有什伯之器而不用，使民重死而不远徙。"

【释义】

小国寡民：小，使……变小，寡，使……变少。此句意为，使国家变小，使人民稀少。

使：即使。

什伯之器：各种各样的器具。什伯，意为极多，多种多样。

重死：看重死亡，即不轻易冒着生命危险去做事。

徙：迁移、远走。

使国家变小，使人民稀少。即使有各种各样的器具，却并不使用；使人民重视死亡，而不向远方迁徙

结绳而治

【出处】

《老子》第八十章："使人复结绳而用之。"

【释义】

结绳：文字产生以前，人们以绳记事。

使人民再回复到远古结绳记事的自然状态之中。

鸡犬相闻

【出处】

《道德经》第八十章："甘其食，美其服，安其居，乐其俗。邻国相望，鸡犬之声相闻，民至老死不相往来。"

【释义】

甘其食，美其服，安其居，乐其俗：使人民吃得香甜，穿得漂亮，住得安适，过得习惯。

使人民吃得香甜，穿得漂亮、住得安适，过得快乐。国与国之间互相望得见，鸡犬的叫声都可以听得见，但人民从生到死，也不互相往来。

现指人烟稠密。

老死不相往来

【出处】

《道德经》第八十章："甘其食，美其服，安其居，乐其俗。邻国相望，鸡犬之声相闻，民至老死不相往来。"

【释义】

甘其食，美其服，安其居，乐其俗：使人民吃得香甜，穿得漂亮，住得安适，过得习惯。

使人民吃得香甜，穿得漂亮、住得安适，过得快乐。国与国之间互相望得见，鸡犬的叫声都可以听得见，但人民从生到死，也不互相往来。

指彼此不联系，不交流情况。

安居乐业

【出处】

《道德经》第八十章："甘其食，美其服，安其居，乐其俗。邻国相望，鸡犬之声相闻，民至老死不相往来。"

【释义】

甘其食，美其服，安其居，乐其俗：使人民吃得香甜，穿得漂亮，住得安适，过得习惯。

使人民吃得香甜，穿得漂亮、住得安适，过得快乐。国与国之间互相望得见，鸡犬的叫声都可以听得见，但人民从生到死，也不互相往来。

指安定愉快地生活和劳动。

相关故事

老子降生

公元前577年夏六月，宋国国君共公去世，右师华元执掌国政。以左师鱼石为首的桓氏宗族久有谋政之心，无奈共公在位，不得其手。今见共公去世，欲乘机起事。由于谋事不密，走漏风声，被以华元为首的戴氏宗族逐出宋国。此后，即任向戎为左师、老佐为司马、乐裔为司寇；立新君，这就是宋平公。

鱼石率桓氏宗族一行二百余人逃往楚国，客居楚国三年。公元前573年夏，楚国起兵伐宋，攻克宋国的彭城（今江苏徐州），封鱼石、鱼府守城，并留下三百乘战车协助镇守。

宋平王为此召朝臣议事，问道："敌强我弱，楚兵侵占彭城，是我心腹！如坐视不理，后患无穷！谁愿为我拔此要塞？"话音刚落，走出一人道："愚臣愿往！"平王一看，只见此人身高丈二，浓眉大眼，阔腮宽肩，威武雄健，原来是司马老佐。华元表示忧虑，对平王说："鱼石狡诈，鱼府凶残，彭城盘踞着楚国战车三百、守卒三千，力量很强。司马虽艺高胆大、刚健勇猛，恐难必胜。"老佐据理说道："鱼石，蛀书之虫也；鱼府，缚鸡之犬也。

有何惧哉！老佐愿携家小以围彭城，城不克臣不归！”平王允诺。遣老佐为上将军，率二万人马去收复彭城。

话说宋国围住彭城，日夜攻打。老佐英勇威武，身先士卒，使得宋军士气大振，不到半月，彭城守军便危在旦夕。一日，鱼石、鱼府在城上督战，见宋军人多如蚁，个个奋勇，架梯登城，人人争先；又见一员大将银盔银甲、金戈白马，驰骋于疆场之上，调兵遣将。一楚将问道：“这位宋将是谁？”鱼石答道：“是新任司马、围兵主将老佐。”楚将纷纷议论说：“攻城主将，不在军后观敌了阵，却突于军前左驰右骋，怎能不鼓舞士气！如此看来，彭城太危险了！”但鱼石是个有心计的人，他又对部下说：“事将成而败，事将败而成，历史上有不少例子，怎知我军必败？老佐英勇雄武，身先士卒，这是他成功之本；刚愎自用，目中无人，这又是他失败之根。又怎知他的军队必胜？”楚将问：“左师好像成竹在胸，有什么好计策？”鱼石回答说：“两军相对，帅在前还是在后，要见机行事。现在宋兵攻城，主将突出在前，冒着箭矢而驰骋，这是兵家的大忌呀！我有一条小计，如果照计行事，宋军成败，还很难说。”

原来鱼石是让部下放暗箭，射杀老佐，老佐正在军前督战，忽然飞来一箭，入胸五寸。不幸坠马身亡。宋军群龙无首，溃不成军，四散逃窜。

老佐眷属正处宋营军帐中，有侍女、十数家将、数十侍卫。忽闻老佐阵亡，又见溃军如潮涌来，众家将急忙驾车，保老夫人奔逃。且战且逃，至傍晚，追兵虽已不见，但老夫人身旁仅剩下两名侍女、一位驾车家将了。家将不敢稍停，披星戴月，摸黑前行，慌不择路，沿西南方向奔去。第二日天明时分，来到一个偏僻村庄，向村民问去宋都之路，均摇头说不知。家将只知应向西行，岂知早已偏南。一行四人绕小道，行程七日，仍不见宋都，却来到了陈国相邑（今河南鹿邑东）。正行之时，老夫人突觉腹中疼痛。原来老夫人已有七月身孕，老佐为践君前诺言，以必胜之心携眷出征。此时兵败，老夫人又有丧夫之悲，亡命他国，心中焦虑，身体疲劳，以至腹中胎动，疼痛难忍。侍女惊慌无措，家将忙停车于路旁，奔至村中寻一老妇前来。不过几刻时光，只听篷车之内响起“哇哇”哭声，一个早产男婴出世，这便是老佐之子——老子。老子降生，体弱而头大，眉宽而耳阔，目如深渊珠清澈，鼻含双梁中如辙。因其双耳长大，故起名为“聃”；因其出生于庚寅虎年（公元前571），亲邻们又呼之曰小狸儿，即“小老虎”之意。因江淮间人们把“猫”唤作“狸儿”，音同“李耳”。久而久之，老聃小名“狸儿”便成为大名“李耳”一代一代传下来了。

接生老妇见母子可怜，让一行五口住进自己家中。老丈以开药店为生，陈姓，人称陈老爹，所以都称老妇为陈妈妈。陈妈妈膝下无儿无女，为人厚道热情，让出三间西厢房，留老夫人一家居住。老夫人在危难之际，遇此善良之人，心中感激不尽；虽说战乱中颠沛流离，毕竟出于大户人家，随身携带细软尚够度日。加之家将常帮陈老爹营生，二位侍女料理家务，老幼五口，日子过得也还滋润。从此，宋国战将老佐的妻儿便在陈国住了下来。

聪颖少年

老聃自幼聪慧，静思好学，常缠着家将要听国家兴衰、战争成败、祭祀占卜、观星测象之事。老夫人望子成龙，请一精通殷商礼乐的商容老先生教授。商容通天文地理，博古今礼仪，深受老聃一家敬重。

一日，商容教授道："天地之间人为贵，众人之中王为本。"老聃问道："天为何物？"先生道："天者，在上之清清者也。"老聃又问："清清者又是何物？"先生道；"清清者，太空是也。""太空之上，又是何物？"先生道："太空之上，清之清者也。""之上又是何物？""清之清者之上，更为清清之清者也。"老聃又问。"清者穷尽处为何物？"先生道："先贤未传，古籍未载，愚师不敢妄言。"夜晚，老聃以其疑惑问其母，母不能答；问家将，家将不能言。于是仰头观日月星辰，低首思天上之天为何物，彻夜不能寐。

又一日，商老先生教授道："六合之中，天地人物存焉。天有天道，地有地理，人有人伦，物有物性、有天道，故日月星辰可行也；有地理，故山川江海可成也；有人伦，故尊卑长幼可分也。有物性，故长短坚脆可别也。”老聃问道：“日月星辰，何人推而行之？山川江海，何人造而成之？尊卑长幼，何人定而分之？长短坚脆，何人划而别之？”先生道：“皆神所为也。”老聃问道。“神何以可为也？”先生道：“神有变化之能。造物之功，故可为也。”老聃问：“神之能何由而来？神之功何时而备？”先生道：“先师未传，古籍未载，愚师不敢妄言。”夜晚，老聃以其疑惑问其母，母不能答。问家将，家将不能言。于是视物而思，触物而类，三日不知饭味。

又一日，商先生教授道：“君者，代天理世者也；民者，君之所御者也。君不行天意则废，民不顺君牧则罪，此乃治国之道也。”老聃问道：“民生非为君也，不顺君牧则其理可解。君生乃天之意也，君背天意是何道理？”先生道：“神遣君代天理世。君生则如将在外也；将在外则君命有所不受。君出世则天意有所不领。”老聃问道：“神有变化之能，造物之功，何以不造听命之君乎？”先生道：“先圣未传，古籍未载，愚师不敢妄言。”夜晚，老聃以其疑惑问其母，母不能答；问家将，家将不能言。于是求教相邑之士，踏遍相邑之土，遇雨不知湿，迎风不觉吹。

一日，商老先生教授道：“天下之事，和为贵。失和则交兵，交兵则相残，相残则两伤，两伤则有害而无益。故与人利则利己，与人祸则祸己。”老聃问道：“天下失和，百姓之大害也，君何以不治？”先生道：“民争，乃失小和也；失小和则得小祸，然而君可以治也。国争，乃失大和也；失大和则得大祸，大祸者，君之过也，何以自治？”老聃问：“君不可自治，神何以不治？”先生道：“先哲未传，古籍未载，愚师不敢妄言。”夜晚，老聃以其疑惑问其母，母不能答；问家将，家将不能言。于是，遍访相邑之士，遍读相邑之书，遇暑不知暑，遇寒不知寒。

入周求学

商老先生教授三年，来向老夫人辞行道："老夫识浅，聃儿思敏，三年而老夫之学授？？

今来辞行，非老夫教授无终也，非聃儿学之不勤也。实乃老夫之学有尽。聃儿求之无穷，以有尽供无穷，不亦困乎？聃儿，志远图宏之童也；相邑，偏僻闭塞之地也。若欲剔璞而为玉，需入周都而求深造。

周都，典籍如海，贤士如云，天下之圣地也，非入其内而难以成大器。"老夫人闻听此言，心中犯难："一乃聃儿年方十三，宋都尚且难返，去周都岂不如登九天？二乃老氏只留此根，怎放心他孤身独行？正犹豫不知怎么回答，不料先生已猜知其为难处，忙说："以实相告，老夫师兄为周太学博士，学识渊博，心胸旷达，爱才敬贤，以树人为生，以助贤为乐，以荐贤为任。家养神童数位，皆由民间选来。不要衣食供给，待之如亲生子女。

博士闻老夫言，知聃儿好学善思，聪慧超常，久愿一见。近日有家仆数人路经此地，特致书老夫，意欲带聃儿去周。此乃千载难逢之良机，务望珍惜！”老夫人听后，不禁悲喜交集。喜先生保荐，使聃儿有缘入周，登龙门有路；悲母子分别，何日能见？思至此，好似聃儿已在千里之外，不觉心酸难抑，潸然泪下。老聃扑人母亲怀中，泣言道：“母亲无须伤心，聃儿决不负老师厚望，待我业成功就，定然早日来接母亲！“说罢，母子二人相抱而泣。

哭之良久，母子二人转而为喜，拜谢先生举荐之恩。三天后，全家与商老先生送老聃至五里之外。老聃一一跪拜，上马随博士家仆西行而去。老夫人遥望聃儿身影远去，方才郁郁入车，闷闷返回。”

老聃入周，拜见博士，入太学，天文、地理、人伦，无所不学，《诗》《书》《易》《历》《礼》《乐》无所不览，文物、典章、史书无所不习，三年而大有长进。博士又荐其入守藏室为吏。守藏室是周朝典籍收藏之所，集天下之文，收天下之书，汗牛充栋，无所不有。老聃处其中，如蛟龙游入大海，海阔凭龙跃；如雄鹰展翅蓝天，天高任鸟飞。老聃如饥似渴，博览泛观，渐臻佳境，通礼乐之源，明道德之旨，三年后又迁任守藏室史，名闻遐迩，声播海内。

孔子问礼

老聃居周日久，学问日深，声名日响。春秋时称学识渊博者为“子”，以示尊敬，因此，人们皆称老聃为“老子”。

公元前538年的一天，孔子对弟子南宫敬叔说：“周之守藏室史老聃，博古通今，知礼乐之源，明道德之要。今吾欲去周求教，汝愿同去否？”南宫敬叔欣然同意，随即报请鲁君。鲁君准行。遣一车二马一童一御，由南宫敬叔陪孔子前往。老子见孔丘千里迢迢而来，非常高兴，教授之后，又引孔丘访大夫苌弘。苌弘善乐，授孔丘乐律、乐理；引孔丘观祭神之典，考宣教之地，察庙会礼仪，使孔丘感叹不已，获益不浅。逗留数日。孔丘向老子辞行。老聃送至馆舍之外，赠言道：“吾闻之，富贵者送人以财，仁义者送人以言。吾不富不贵，无财以送汝；愿以数言相送。当今之世，聪明而深察者，其所以遇难而几至于死，在于好讥人之非也；善辩而通达者，其所以招祸而屡至於身，在於好扬人之恶也。为人之子，勿以己为高；为人之臣，勿以己为上，望汝切记。”孔丘顿首道：“弟子一定谨记在心！”

行至黄河之滨，见河水滔滔，浊浪翻滚，其势如万马奔腾，其声如虎吼雷鸣。孔丘伫立岸边，不觉叹曰：“逝者如斯夫，不舍昼夜！黄河之水奔腾不息，人之年华流逝不止，河水不知何处去，人生不知何处归？”闻孔丘此语，老子道：“人生天地之间，乃与天地一体也。天地，自然之物也；人生，亦自然之物；人有幼、少、壮、老之变化，犹如天地有春、夏、秋、冬之交替，有何悲乎？生於自然，死於自然，任其自然，则本性不乱；不任自然，奔忙於仁义之间，则本性羁绊。功名存於心，则焦虑之情生；利欲留於心，则烦恼之情增。”孔丘解释道：“吾乃忧大道不行，仁义不施，战乱不止，国乱不治也，故有人生短暂，不能有功于世、不能有为于民之感叹矣”

老子道：“天地无人推而自行，日月无人燃而自明，星辰无人列而自序，禽兽无人造而自生，此乃自然为之也，何劳人为乎？人之所以生、所以无、所以荣、所以辱，皆有自然之理、自然之道也。顺自然之理而趋，遵自然之道而行，国则自治，人则自正，何须津津于礼乐而倡仁义哉？津津于礼乐而倡仁义，则违人之本性远矣！犹如人击鼓寻求逃跑之人，击之愈响，则人逃跑得愈远矣！”

稍停片刻，老子手指浩浩黄河，对孔丘说：“汝何不学水之大德欤？”孔丘曰：“水有何德？”老子说：“上善若水：水善利万物而不争，处众人之所恶，此乃谦下之德也；故江海所以能为百谷王者，以其善下之，则能为百谷王。天下莫柔弱於水，而攻坚强者莫之能胜，此乃柔德也；故柔之胜刚，弱之胜强坚。因其无有，故能入于无间，由此可知不言之教、无为之益也。”孔丘闻言，恍然大悟道：“先生此言，使我顿开茅塞也：“众人处上，水独处下；众人处易，水独处险；众人处洁，水独处秽。所处尽人之所恶，夫谁与之争乎？此所以为上善也。”老子点头说：“汝可教也！汝可切记：“与世无争，则天下无人能与之争，此乃效法水德也。水几於道：“道无所不在，水无所不利，避高趋下，未尝有所逆，善处地也；空处湛静，深不可测。善为渊也；损而不竭，施不求报，善为仁也；圜必旋，方必折，塞必止，决必流，善守信也；洗涤群秽，平准高下，善治物也；以载则浮，以鉴则清，以攻则坚强莫能敌，善用能也；不舍昼夜，盈科后进，善待时也。故圣者随时而行，贤者应事而变；智者无为而治，达者顺天而生。汝此去后，应去骄气于言表，除志欲于容貌。否则，人未至而声已闻，体未至而风已动，张张扬扬，如虎行于大街，谁敢用你？”孔丘道：“先生之言，出自肺腑而入弟子之心脾，弟子受益匪浅，终生难忘。弟子将遵奉不怠，以谢先生之恩。”说完，告别老子，与南宫敬叔上车，依依不舍地向鲁国驶去。

回到鲁国，众弟子问道：“先生拜访老子，可得见乎？”孔子道：“见之！”弟子问。“老子何样？”孔子道：“鸟，我知它能飞；鱼，吾知它能游；兽，我知它能走。走者可用网缚之，游者可用钩钓之，飞者可用箭取之，至于龙，吾不知其何以？龙乘风云而上九天也！吾所见老子也，其犹龙乎？学识渊深而莫测，志趣高邈而难知；如蛇之随时屈伸，如龙之应时变化。老聃，真吾师也！’”

论养生经

话说老聃隐居宋国沛地，自耕而食，自织而衣。岂知其名，无足自行，慕其名者接踵而至，求问修道之方，学术之旨，处世之要，于是其弟子遍天下。

有个弟子名庚桑楚，深得老子之道，住在北部畏垒山上。住三年，畏垒之地民风大变："男耕而有粟可食，女织而有衣可穿，各尽其能，童叟无欺，百姓和睦，世间太平。众人欲推庚桑楚为君主。庚桑楚闻之，心中不悦，意欲迁居。弟子不解，庚桑楚道："巨兽张口可以吞车，其势可谓强矣，然独步山林之外，则难免网罗之祸；巨鱼，张口可以吞舟，其力可谓大矣，然跃于海滩之上，则众蚁可以食之。故鸟不厌天高，兽不厌林密，鱼不厌海深，兔不厌洞多。天高，鸟可以飞矣；林密，兽可以隐矣；海深，鱼可以藏矣；洞多，兔可以逃矣。皆为保其身而全其生也。保身全生之人，宜敛形而藏影也，故不厌卑贱平庸。"

庚桑楚弟子中有一人，名南荣，年过三十，今日闻庚桑楚养生高论，欲求养生之道。庚桑楚道："古人曰：土蜂不能孵青虫，越鸡不能孵鸿鹄，各有所能，各有所不能也。桑楚之才有限，不足以化汝，汝何不南去宋国沛地求教老聃先生？”南荣闻言，辞别庚桑楚，顶风冒雪，行七日七夜而至老聃居舍。

南荣拜见老聃，道：“弟子南荣，资质愚钝难化，特行七日七夜，来此求教圣人。”老聃道：“汝求何道？”“养生之道。”老聃曰：“养生之道，在神静心清。静神心清者，洗内心之污垢也。心中之垢，一为物欲，一为知求。去欲去求，则心中坦然；心中坦然，则动静自然。动静自然，则心中无所牵挂，于是乎当卧则卧，当起则起，当行则行，当止则止，外物不能扰其心。故学道之路，内外两除也；得道之人，内外两忘也。内者，心也；外者，物也。内外两除者，内去欲求，外除物诱也；内外两忘者，内忘欲求，外忘物诱也。由除至忘，则内外一体，皆归于自然，于是达于大道矣！如今，汝心中念念不忘学道，亦是欲求也。除去求道之欲，则心中自静；心中清静，则大道可修矣？蹦先？闻言，苦心求道之意顿消。如释重负，身心已变得清凉爽快、舒展旷达、平静淡泊。于是拜谢老聃道：“先生一席话，胜我十年修。如今荣不请教大道，但愿受养生之经。”

老聃道：“养生之经，要在自然。动不知所向，止不知所为，随物卷曲，随波而流，动而与阳同德，静而与阳同波。其动若水，其静若镜，其应若响，此乃养生之经也。”南荣问道。“此乃完美之境界乎？”老聃道：“非也。此乃清融已心，入于自然之始也。倘入完美境界，则与禽兽共居于地而不以为卑，与神仙共乐于天而不以为贵；行不标新立异，止不思虑计谋，动不劳心伤神；来而不知所求，往而不知所欲。”南荣问道：“如此即至境乎？”老聃道：“未也。身立于天地之间，如同枯枝槁木；心居于形体之内，如同焦叶死灰。如此，则赤日炎炎而不觉热，冰雪皑皑而不知寒，剑戟不能伤，虎豹不能害。于是乎祸亦不至，福亦不来。祸福皆无，苦乐皆忘也。”

再授孔丘

话说孔丘与老聃相别，转眼便是十七八年，至五十一岁，仍未学得大道。闻老聃回归宋国沛地隐居，特携弟子拜访老子。

老子见孔丘来访，让于正房之中，问道：“一别十数载，闻说你已成北方大贤才。此次光临，有何指教？”孔丘拜道：“弟子不才，虽精思勤习，然空游十数载，未入大道之门。故特来求教。”老子曰：“欲观大道，须先游心于物之初。天地之内，环宇之外。天地人物，日月山河，形性不同。所同者，皆顺自然而生灭也，皆随自然而行止也。知其不同，是见其表也；知其皆同，是知其本也。舍不同而观其同，则可游心于物之初也。物之初，混而为一，无形无性，无异也。”孔丘问：“观其同，有何乐哉？”老子道：“观其同，则齐万物也。齐物我也，齐是非也。故可视生死为昼夜，祸与福同，吉与凶等，无贵无贱，无荣无辱，心如古井，我行我素，自得其乐，何处而不乐哉？”

孔丘闻之，观己形体似无用物，察已荣名类同粪土。想己来世之前，有何形体？有何荣名？思己去世之后，有何肌肤？有何贵贱？于是乎求仁义、传礼仪之心顿消，如释重负，无忧无虑，悠闲自在。

老子接着说："道深沉矣似海，高大矣似山，遍布环宇矣而无处不在，周流不息矣而无物不至，求之而不可得，论之而不可及也！道者，生育天地而不衰败、资助万物而不匮乏者也；天得之而高，地得之而厚，日月得之而行，四时得之而序，万物得之而形。"孔丘闻之，如腾云中，如潜海底，如入山林，如沁物体，天我合为一体，己皆万物，万物皆己，心旷而神怡，不禁赞叹道："阔矣！广矣！无边无际！吾在世五十一载，只知仁义礼仪。岂知环宇如此空旷广大矣！好生畅快，再讲！再讲？"老子见孔丘已入大道之门，侃侃而谈道："圣人处世，遇事而不背，事迁而不守，顺物流转，任事自然。调和而顺应者，有德之人也；随势而顺应者，得道之人也。"孔丘闻之，若云飘动，随风而行；若水流转，就势而迁。喜道："悠哉！闲哉！乘舟而漂于海，乘车而行于陆矣。进则同进，止则同止，何须以己之力而代舟车哉？君子性非异也，善假於物也！妙哉！妙哉！再讲！再讲？"老子又道："由宇宙本始观之，万物皆气化而成、气化而灭也。人之生也，气之聚也；人之死也，气之散也。人生于天地间，如白驹过隙，忽然而已矣。万物之生，蓬蓬勃勃，未有不由无而至于有者；众类繁衍，变化万千，未始不由有而归于无者也。物之生，由无化而为有也；物之死，由有又化而为无也。有，气聚而可见；无，气散而不可见。有亦是气。无亦是气，有无皆是气，故生死一气也。生者未有不死者，而人见生则喜，见死则悲，不亦怪乎？人之死也，犹如解形体之束缚，脱性情之裹挟，由暂宿之世界归于原本之境地。人远离原本，如游子远走他乡；人死乃回归原本，如游子回归故乡，故生不以为喜，死不以为悲。得道之人，视生死为一条，生为安乐，死为安息；视是非为同一，是亦不是，非亦不非；视贵贱为一体，贱亦不贱，贵亦不贵；视荣辱为等齐，荣亦不荣，辱亦不辱。何故哉？立于大道，观物根本，生死、是非、贵贱、荣辱，皆人为之价值观，亦瞬时变动之状态也。究其根本，同一而无别也。知此大道也，则顺其变动而不萦於心，日月交替，天地震动、风吼海啸、雷鸣电击而泰然处之。”

孔丘闻之，觉已为鹊，飞于枝头；觉己为鱼，游于江湖：“觉已为蜂，采蜜花丛；觉已为人，求道于老聃。不禁心旷神达，说：“吾三十而立，四十而不惑，今五十一方知造化为何物矣！造我为鹊则顺鹊性而化，造我为鱼则顺鱼性而化，造我为蜂则顺蜂性而化，造我为人则顺人性而化。鹊、鱼、蜂、人不同，然顺自然本性变化却相同；顺本性而变化，即顺道而行也；立身于不同之中，游神于大同之境，则合于大道也。我日日求道，不知道即在吾身！”言罢，起身辞别。

诸子各家的“名实之辩”

老子说：“名可名，非常名。“认为可以讲得出自己的具体特征的，就不是永恒不变的“名”，这揭示了本体与现象、语言（名）和世界（实）之间的差别。先秦时代的诸子曾对名与实的关系展开了一场著名的“名实之辩”。

先秦时代的名实之辩，指的是当时对于语言和世界的关系之争。在这场争论中颇有论述的有：

儒家、道家、墨家和名家。

儒家的观点认为，所谓的语言符号系统就是“名分”，所谓的“世界”就是上下有别、贵贱有差的社会秩序。所谓“正名”，就是通过语言来调和现实世界的矛盾，为社会提供规范，使之纳入到“唯上智与下愚不移”的等级秩序中。孔子是这方面观点的代表人物，曾明确提出过“正名”的主张。儒家的另一代表人物荀子提出了“制名以指实”的主张，将名区分为大共名、大别名和小别名，分析了“名实乱”的表现，对名实问题进行了较为详尽的论述。

儒家关心的是社会，看重的是父子、君臣之间的天经地义的关系。

“实”无论发生了多么翻天覆地的变化，“名”的秩序也不能乱了章法，否则就会导致天下大乱。

道家的观点是：“世界“既不是现实的社会秩序，也不是可以用肉眼看到的客观实际，而是超越经验的“道”和“无限”。世界本是混沌的，而语言使其变得清晰；世界本是黑暗的，而语言使其变得光明。

语言让世界变得可以言说，可以把握。可是，在让世界变得清晰和光明的同时，语言还无法表现出世界的无限和丰富。老子在《道德经》开篇就提出了“名可名，非常名”的论述，可以说是道家的代表观点。

庄子进而主张“大道不称”，但又认为“名者，实之宾也”，肯定实对名的决定作用。

墨家则主张坚持经验主义，强调“闻之见之”“取实与名”。用现在的话来说，就是从实际出发，与时俱进。现实的世界是基础，语言符号不过是现实世界的反映。现实的情况发生了变化，语言符号自然要发生变化。墨家的代表人物墨子主张“非以其名也，以其取也”，着眼于对事物本身的把握。后期墨家将概念区分为达名、类名、私名，认为它们所反映的实有不同范围。

名家是先秦百家中颇有影响力的一个学派。他们不探究名、实关系，而是把注意力集中在语言的本身上，从而注重语言的概念，不再关注语言所寓含的内容，而是看重语言本身的逻辑技巧。从而形成了这场对名实关系有着不同理解而展开的长期争论，形成了中国古代哲学的名辩思潮，由此推动了中国哲学的认识论、辩证法和逻辑学的发展。

老子提出了“无为”的思想。老子认为，圣人要“处无为之事，行不言之教”，顺其自然，不居功，不自恃。只有做到无为、淡泊、不居功自傲，才是真正的圣人；如果自恃有功，肆意妄为，绝不会有好下场。

明武宗朱厚照是明孝宗的嫡长子，生母是孝康张皇后。他十五岁即位，生性贪玩好动，坐稳龙椅后便废除了尚寝官和文书房等侍奉皇帝的内官，以减少他们对自己行动的限制。按照明朝的祖制，皇帝每天都要听经筵（帝王为讲论经史而特设的御前讲席），但是明武宗总是以各种借口逃脱，根本就没有听过几次。后来，他干脆连早朝也不上了。诸位大臣见这位少年皇帝如此怠政，便轮番上奏，但是他始终听不进去。

明武宗不但不听朝臣的谏言，反而宠信一批阿谀奉承的奸佞小人，如以刘瑾为首的“八虎”及江彬、钱宁等人。刘瑾是武宗朝的太监，他善于察言观色，随机应变，深受武宗的信任，后来爬上了司礼监掌印太监的宝座。刘瑾阴险狡诈，排除异己，朝中很多正直大臣都遭到他的迫害。此外，他还以各种名义威胁别人向他进贡，没有向他进献钱财礼品的，就会立刻被他逼死。朝廷中没有人不痛恨他，也没有人不惧怕他，所以大家称他为“立皇帝”，而称武宗为“坐皇帝”。

后来，刘瑾失势，明武宗开始专宠钱宁、江彬二人，江彬等人为哄武宗开心，不但为其建造“豹房”，供其淫乐，还迎合武宗好大喜功的特点，多次鼓动武宗到边关带兵打仗。江彬是武宗后期最得宠的佞臣，他曾向武宗吹嘘边军如何骁勇善战，引诱武宗将边军与京军互调，借以巩固自己的势力。明朝祖制规定，边军、京军不许相互调换。这是因为，如果边军虚弱，蒙古就会趁机入侵；如果京军虚弱，边军就会成为朝廷的祸患，这是为加强皇权而制定的制度。武宗不顾朝臣的反对，打破祖制，宣布征调边军入京，设东、西官厅，由江彬、许泰统率。此外，江彬还鼓动武宗到西北地区游幸。这对于一向以雄武自居的武宗来说，的确有很大的吸引力，因为他一直梦想着能够像太祖、成祖那样立下万世不拔之功。

正德十二年，武宗终于迎来了一显身手的机会。这一天，武宗得知蒙古小王子率领所部袭扰明朝边境，武宗心里暗自高兴，他亲自布置军马，准备与小王子一决雌雄，这就是历史上有名的“应州之战”。应州之战进行得十分激烈，明军一度被蒙古军分割包围。武宗赶到后，亲自率领大军组织援救，这才解了明军之围。

与蒙古军在边境地区进行了一百多次战斗，期间武宗与普通士兵同吃同住，甚至还亲手斩杀一名敌人，这极大地鼓舞了明军的士气。

最后，小王子认为此战难以取胜，便率领蒙古军西去，明军取得了一场难得的胜利，史称“应州大捷”。应州之役，武宗亲自指挥布置，战术得当，体现了较高的军事才能，这也成为武宗一生中最为光辉的时刻。

武宗在应州取得胜利后，开始大肆炫耀一番。他此前出征的时候，是以“朱寿”的化名出现在军中的。回到京城后，武宗宣布封朱寿为“总督军务威武大将军总兵官”。不久，他又亲自率领文武官员、内廷侍卫浩浩荡荡地来到宣府，为朱寿营建“镇国府”。后来，他又加封自己为“镇国公”，令兵部存档，户部发饷。自古以来，还没有哪个皇帝自降身份向自己称臣的，武宗真是视国事和朝政为儿戏了。

武宗非常喜欢宣府的镇国府，并称那里才是自己真正的家。在江彬的蛊惑下，武宗又下令大肆修缮镇国府，还将豹房里的珍宝、女子运到府中，大有常驻宣府的意思。武宗之所以喜欢住在镇国府，这与他尚武、想立边功的心理是密不可分的。因为宣府是北边重要的军镇，也是抵御蒙古军队入侵的第一道防线。他十分渴望能够在自己的一生中立下赫赫战功。而且，在宣府还有一个好处，那就是再也不用听大臣们喋喋不休的劝谏。他下令禁止大臣来宣府，只有豹房的亲随可以随便出入。在豹房和镇国府这两个地方，武宗为所欲为，过着骄奢淫逸的生活。

正德十五年，武宗于南巡途中在清江浦（今江苏淮安市）垂钓，不小心跌入水中。虽然他被身边的侍卫救起，但是身体每况愈下。次年，武宗病死于豹房之中，年仅三十一岁。

东施效颦与左思仿潘安

老子说："天下皆知美之为美，斯恶矣。"意思是天下的人都知道美之所以为美，丑的观念也就出来了。任何事物，只有通过对比才能看出美丑来。东施效颦与左思效仿潘安的故事可以很好地说明这个道理。

西施本名夷光，春秋末期出生于绍兴诸暨苎萝村。她天生丽质，是美的化身和代名词。俗语"闭月羞花之貌，沉鱼落雁之容"中的"沉鱼"，指的就是西施。

西施虽然有倾城倾国之容，只可惜她的身体不好，有心痛的毛病。有一次，她在河边洗完衣服准备回家，就在回家的路上，突然胸口疼痛，所以她就用手扶住胸口，皱着眉头。虽然她感到难受且不舒服，但是见到的村民们却都在称赞，说她这样比平时更美丽。

同村有位名叫东施的女孩，因为她的长相并不好看，她看到村里的人都夸赞西施用手扶胸的样子很美丽，于是也学着西施的样子扶住胸口，皱着眉头，在人们面前慢慢地走动，以为这样就有人称赞她。她长得本来就丑，再加上刻意地模仿西施的动作，其装腔作势的怪样子，更让人觉得厌恶。有人看到之后，赶紧关上大门，他们觉得东施比以前更丑了。

无独有偶，西晋时期左思效仿潘安却自取其辱的故事，同样令人啼笑皆非。潘安，又名潘岳，西晋时期文学家。潘安容貌俊美，文采也非常出众，因此深受当时女子的青睐。据《世说新语》记载：“潘岳妙有姿容，好神情。少时挟弹出洛阳道，妇人遇者，莫不连手共萦之。”意思是说：“潘安相貌出众，神采奕奕，仪态优雅，远近闻名。年轻的时候，经常挟着牛皮弹弓，优雅地走在洛阳道上，妇女们见到他，都手挽着手，围在他的身边看，不让他走。由此可以想见潘安的风姿是多么富有魅力呀！现代人称赞男子貌美，就说“貌赛潘安”，可见潘安确实是世间少有的美男子。

潘安同时代有个人叫左思，左思也是鼎鼎大名的文学家，著名的《三都赋》就是出自他的手笔，据说左思的这篇费思十年的扛鼎之作甫一出世，便轰动了整个洛阳城，大家竞相传阅《三都赋》，由于传抄的人太多，以致洛阳城内的纸张都不够用了，一时造成“洛阳纸贵”的景象，可见左思也是个非常富有文采的人。但文采归文采，在魏晋这个非常重视仪容外貌的时代，光有文采而没有长相的文人还是相对要受冷落的。

左思长相奇丑，女子们见了他都远远避开。左思看到了美女们簇拥潘安的景象，非常羡慕，一时突发奇想，决计效仿潘安，也在洛阳道上挟着牛皮弹弓优雅地走路。

《世说新语》记载了他的这个故事："（左）思貌丑悴，不持仪饰。亦复效（潘）岳游遨，于是群妪齐共乱唾之，委顿而返。"

意思是说：相貌奇丑的左思，没有作任何妆饰打扮，也学着像潘安一样，挟着牛皮弹弓，装作潇洒深沉的样子走在洛阳道上。结果，一群妇女围着他，朝他啐口水，唾唾沫。左思垂头丧气，只好狼狈地回去了。

宋仁宗开创治世

“为无为，则无不治。”在这一章里，老子阐述的是“无为而治”的思想。无为治国，即国君不妄加干涉百姓的生活，使百姓安居乐业。政治清明，政策宽松，没有苛捐杂税，没有战争兵役。只有采取这样的措施，国家才能长治久安。在中国历史上，有很多统治者都认识到了无为而治的真正含义，因此出现了国家政治昌盛、人民安居乐业的治世局面。北宋中期的皇帝宋仁宗，正是实行了无为而治的政策，解决了内忧外患，巩固了自己的统治。

宋仁宗，初名受益，后改名为赵祯，宋真宗的第六子。仁宗即位之前，宋朝官僚体制膨胀，冗官冗兵的问题突出，而对外战争又屡战屡败，尽管西北面的党项（即后来的西夏）已向宋称臣，但边患危机始终没有消除。

宋仁宗即位后，他一面鼓励百官上书言事，一面实行与民休息的政策，力图实现政治清明，使百姓安居乐业。终仁宗一朝，宋仁宗赵祯在对待文武百官的态度上，一直持谦和、宽容的态度。仁宗在位的四十多年时间里，朝臣可以自由发表言论，即便在言论上忤逆皇帝，最大的处分也不过是降职，或是贬谪到其他的地方做个小点儿的官罢了；而过了一段时间，风头过去了，皇帝说不定还会把被贬谪的官员再召回来。仁宗一朝，贬了升，升了再贬，贬了再升的官员不在少数。那时的大臣，上书的内容敏感，什么话都敢说。有一次，仁宗皇帝的宠妃张贵妃想求仁宗封自己叔叔张尧佐为三司使，仁宗答应了她的请求。但是，御使包拯坚决不赞成，他认为三司使是主管朝廷财政工作的重要官员，而张尧佐才能平庸，不堪此任，仁宗难以给张贵妃交差，只好让步说道："实在不行的话，就封他个粗官做吧，你看让他当节度使如何呢？"北宋时的节度使不同于唐代的节度使，是个虚职，仅仅是个表示地位的名号而已。包拯见皇帝让了步，便答应下来，但对仁宗"粗官"的说法不能认同，于是对仁宗说道："节度使怎么是粗官呢？太祖、太宗不都做过节度使吗？"在争论过程中，包拯情绪激动，唾沫星子都溅到了仁宗的脸上，仁宗也没有怪罪他。回宫后，张妃不甘心，撒娇使性，想让仁宗收回成命。仁宗只好训斥她道："你就知道给你叔叔要高的官位，难道你不知道包拯是御使吗？"

正是由于仁宗对百官的态度很宽容，所以他那一朝出了不少名臣，宋朝在历史上声名显赫的大臣，大多出在仁宗朝，如晏殊、包拯、欧阳修、范仲淹、韩琦、富弼、苏轼、黄庭坚、沈括、司马光、王安石等，可谓名臣辈出。

仁宗朝的言论比较自由，群臣什么话都敢说，这使得仁宗能够比较全面地了解各方面的情况，仁宗对朝臣态度宽容，允许他们自由发表言论。不至于被谗言蒙蔽了头脑。皇帝的宽容仁厚，也确实感动了一批正人君子，这些人“先天下之忧而忧”，以报答皇帝的知遇之恩。所以，仁宗一朝奸佞小人很少，朝中多数是些品德高尚的官员。正是因为这样，才使得仁宗维持住了四十年的承平气象。

宋仁宗对待老百姓也相当仁慈。《宋史·仁宗本纪》中，几乎每隔两行，就有一处对仁宗善待百姓的记录：“或是下令减少某一地方的赋税，或是下诏赈济某地灾民，或是因为某地的自然灾害、边境战争失利而下诏自责，停止宴饮歌舞。每当遇上水旱灾害的时候，仁宗都要在宫廷内诚心祈祷上天赐福，希望能够早日结束灾害；或者会光着脚站在庭院里，让自己罚站，向上天谢罪。此外，仁宗几乎每隔几年，就释放数百名宫女出宫，让她们回到民间，过正常人的生活。仁宗一生所做的善事很多，在中国的历代皇帝中，也是比较少见的。

宋仁宗还很珍惜每个人的生命，对于判处死刑的案子，仁宗都要亲自复审，以避免冤假错案的出现。据史料记载，仁宗在位期间，罪犯中每年由死刑改为其他刑罚的人数，大概都在千人以上。

仁宗曾对大臣说过："你们知道，我平时生气骂人的时候，从来都没有说过刻毒的言语，因此就更不敢在断狱的时候滥用死刑了。"对于滥用死刑的官员，仁宗也十分憎恨，他给吏部的规定是："如果一个官员在断案的时候冤杀了好人，那么这人一辈子便不能再提拔了。

宋仁宗对臣民态度宽容仁慈，但是在对待自己的问题上，却要求很严格。仁宗生活俭朴，他在位的四十多年时间里，没有像以前的帝王那样大修宫室。史书中记录了很多关于仁宗严于奉己的故事。比如，有一次，仁宗在宫苑内散步的时候，屡屡回头张望，随从的侍卫都不明白仁宗是什么意思。等回到宫里后，仁宗对妃嫔说道："今天我渴坏了，快快给我倒些热水来。"妃嫔觉得很奇怪，于是问道："皇上在外面为何不喝水，而让自己受渴这么久呢？"仁宗回答说："朕屡屡回头，却没有看见随从们准备水壶，如果问的话，就有人要被处罚了，所以我就忍着口渴回来了。"

在对外关系上，宋仁宗也营造了一个相对宽松的环境。在北宋一百六十多年的时间里，其所处的外部环境不能让人乐观。北面是幅员广阔，强悍跋扈的辽国。宋朝建立后，曾多次与辽国交战，但结果是胜少败多，辽国一直都是宋朝北部边境的巨大威胁。西北面是保持着半独立状态的党项人的部落，仁宗即位时，党项已经接受了宋朝的册封，被封为西平王、定难军节度使。但是，党项人一直骚扰宋境，每次入侵，总能掠夺大批牛羊牲畜。与此同时，西南方向是吐蕃诸部的活动区域，与宋接壤的边境自青海西宁直到今天的四川雅安一线。吐蕃部落较多，这些部落经常袭扰宋朝边境。面对严重的边患问题，宋仁宗一面任用贤将守边，一面对异族采取安抚政策。宋仁宗在对外政策方面的“仁”也有很多具体事例。比如，辽国发生了旱灾，饥民大批涌入了宋朝境内，仁宗命令地方官员对他们进行救济。后来，南宋的皇帝高宗赵构在评价宋仁宗的外交政策时，说道：“先帝兼爱南北，不轻启战端。”这是很有道理的。

崇尚节俭的汉文帝

老子说："不贵难得之货，使民心不为盗。不见可欲，使民心不乱。"统治者只有勤俭节约，与民休息，才能赢得民心，治理好天下。汉文帝清心寡欲，厉行节约，后继者汉景帝效法他的政策，终于开创了"文景之治"的盛世局面。

汉高祖时期，天下刚刚经历完战乱，到处都是一片衰败残破的景象。据《史记·平准书》记载："天下既定，民亡盖藏，自天子不能具钧驷，而将相或乘牛车。"说的是高祖统一天下建立汉文帝与民休养生息。

汉王朝以后，民穷财尽，毫无积蓄。当时天子竟不能用同一种毛色的驷马（马车），而将相有的只能乘牛车。

汉文帝即位后，实行无为之治，以"慈""俭"为治政原则。首先确立宽厚的法治精神，废除"连坐"等严刑；接着"诏定振穷、养老之令"，保障百姓生活无忧。当然最重要的是多次下诏减轻赋税，轻徭薄役，施行节俭治国的政策。

汉文帝的节俭是出了名的。他继承帝位的第二年，有人献上一匹千里马。他下诏连同送马的路费一并退还，同时又下了一道诏书宣布说：“朕不接受任何名贵稀奇的奉献，要地方官们通知四方，以后不要打主意奉献什么东西上来。

古代皇帝住的宫殿，大都要修建又大又漂亮的露台，以供欣赏山水风光。汉文帝本来也想造一个露台，他找到了工匠，让他们算算该花多少钱。工匠们说：“不算多，一百斤金子就够了。“汉文帝听了，吃了一惊，忙问：“这一百斤金子合多少户中等人家的财产？”工匠们粗粗地算了一下，说：“十户。“汉文帝听了，说道：“不要造露台了，现在朝廷的钱很少，还是把这些钱省下吧。”

司马迁在《史记》中记载，文帝“即位二十三年，宫室苑囿狗马服御无所增益”。“宫室”就是宫殿建筑，“苑囿”就是皇家园林以及供皇室打猎游玩的场所，“狗马”即供皇帝娱乐使用的动物、设施等，“服御”即为皇帝服务的服饰车辆仪仗等。这些都是皇帝们讲排场、显威严、享乐游玩必不可少的，皇帝们大都十分重视。然而文帝当皇帝二十三年，居然没有盖宫殿，没有修园林，甚至连车辆仪仗也没有增添。

此外，汉文帝还能关心百姓的疾苦，刚当皇帝不久，就下令：

“由国家供养八十岁以上的老人，每月都要发给他们米、肉和酒；对九十岁以上的老人，还要再发一些麻布、绸缎和丝棉，给他们做衣服。

春耕时，汉文帝亲自带着大臣们下地耕种，皇后也率宫女采桑、养蚕。汉文帝去世前，曾颁下遗诏，痛斥了厚葬的陋俗，要求自己的丧事要一切从简。对待自己的归宿“霸陵”，他明确要求：“皆以瓦器，不得以金银铜锡为饰，不治坟，欲为省，毋烦民。霸陵山川因其故，勿有所改。”即按照山川原来的样子因地制宜，建一座简陋的坟地，不要因为给自己建墓而大兴土木，改变了山川原来的模样。据说后来赤眉军攻进长安，所有皇帝的陵墓都被挖了，唯独没动汉文帝的陵墓，因为他们知道，汉文帝的陵墓里面没什么贵重的东西。

北宋文学家吴垧在《五总志》里有这样的记载：“汉文帝刘恒“履不藉以视朝”。草鞋最早的名字叫“履”。由于草鞋材料以草和麻为主，非常经济，且取之不尽，用之不竭，平民百姓都能自备，汉代称之为“不藉”。在汉文帝时，已经有了布鞋，草鞋主要是贫民穿，而汉文帝刘恒“履不藉以视朝”，就是说他穿着草鞋上殿办公，做出了节俭的表率。不仅是草鞋，就连他的龙袍，也只能称为“绨衣”。“绨”在当时就是一种很粗糙的色彩暗淡的丝绸。就是这样的龙袍，也穿了很多年。龙袍破了，就让皇后给他补一补，接着再穿。汉文帝自己穿粗布衣服不说，后宫也是只穿朴素的服饰。当时，贵族女子长衣拖地是一种时尚，而汉文帝为了节约布料，即使对自己最宠幸的妃子，也不准她们衣服的下摆拖到地上。宫里的帐幕、帷子全没刺绣，也不带花边。正是由于汉文帝勤俭节约和爱民如子，他才与其后继者景帝共同创造出了“文景之治”的盛世。史家评论汉文帝时说“世功莫大于高皇帝，德莫盛于孝文皇帝”，这是丝毫不过分的。

刘备巧借闻雷避祸

“大道”不显露锋芒，它解除世间的纷乱，收敛自己的光耀。而掌握大道的人，则懂得藏锋匿芒、和光同尘以明哲保身的道理。“刘备巧借闻雷避祸”的故事，就是一个很好的证明。

三国时期，刘备接到汉献帝的密诏，与国舅董承等密谋除掉曹操。刘备为防曹操生疑，就在居处后院种菜，一面韬光养晦，一面迷惑曹操。

一天，关羽、张飞不在，刘备正在后园浇菜，曹操部将许褚和张辽带了数十人到菜园里对刘备说：“丞相有命，请先生现在去见他。”刘备以为事泄，惊问道：“有什么要紧事？”许褚说：“不知道。丞相只是让我来请先生。”刘备只得随二人入府见曹操。

曹操见到刘备，笑着说道：“你在家做大事啊！”刘备听罢，以为事已泄密，吓得大惊失色。

曹操拉着刘备的手，走到后园，说道：“你学习园艺不容易啊！”刘备回答说：“没事消遣罢了。”

曹操说：“刚才看见树枝上梅子青青，忽然想起去年去征讨张绣时，道上缺水，将士们都口渴；我心生一计，用马鞭指着前方说：‘前面有梅林。’军士们听了这句话，就都不口渴了。现在看见梅子成熟了，觉得应当赏赐给大家，所以特意邀请先生来小亭一聚。”

听到这里，刘备这才安下心来，跟随曹操来到小亭，只见那里已经备好了杯盘：盘里盛满青梅，一尊红泥小火炉上煮着酒，酒壶里吐出诱人的香气。众人以青梅下酒，酒正酣时，天边黑云压城，忽卷忽舒，有若龙隐龙现，曹操与刘备凭栏观看。曹操突然说道：“先生知道龙的变化吗？”

刘备说：“愿闻其详。”曹操说：“龙能大能小，能升能隐；大则兴云吐雾，小则隐介藏形；升则飞腾于宇宙之间，隐则潜伏于波涛之内。现在正是深春时节，龙乘时变化，正如人得志而纵横四海一般。龙这种祥瑞之物，可比当世之英雄。先生经常在外游历，一定知道当世的英雄，请说说看都有谁？”

刘备放下酒杯，说道：“我见识浅薄，怎么认得出谁是英雄呢？”曹操说：“不要太谦虚。”刘备说：“我刘备得到陛下的恩宠和庇护，所以才能在朝为官。天下的英雄，实在是没有见到过啊。”

曹操说：“既然没有见到过，那也听过他们的名声吧。”刘备说：“淮南的袁术，兵粮足备，能称为英雄么？”

曹操笑着说："袁术不过是坟墓里的枯骨，我早晚会抓住他的！"刘备说："河北的袁绍，四代中有三代是公卿，家门中有很多故吏；现在盘踞于冀州之地，手下有很多贤臣良将，他能称为英雄么？"曹操笑着说："袁绍这个人色厉内荏，手下有才能之士，却不懂得重用；干大事却爱惜性命，看见小利却忘而不顾性命，他也不是英雄。"刘备说："有一人人称'八俊'，威镇九州——刘景升（即刘表）能称为英雄吗？"曹操说："刘表空有虚名，也不是英雄。"

刘备接着说道："有一人血气方刚，现在又是江东领袖——孙伯符（孙策）是个英雄么？"曹操说："孙策借着父亲的威名，不能称为英雄。"刘备说："益州刘季玉（刘璋），能称为英雄吗？"

曹操说："刘璋虽然是皇室宗亲，只能算是一只守护家产的狗，怎么能称英雄呢！"刘备说："那张绣、张鲁、韩遂等人又怎么样？"曹操拊掌大笑说："这些碌碌无为的人，何足挂齿！"刘备说："除此之外，我实在是不知道了呀！"

曹操说："能称为英雄的人，应该是胸怀大志，腹有良谋，有包藏宇宙之机，吞吐天地之志的人。"刘备问："那谁能被称为英雄？"曹操用手指着刘备，然后又指着自己，说："现今天下的英雄，只有先生和我而已！"

刘备听到这句话，大吃一惊，手里的筷子不小心掉在地上。他知道曹操这是在试探自己，如果此时他顺着曹操的意思，承认自己和曹操是“英雄”，就会让曹操看出自己的志向，必然会招致杀身之祸。这时，正好大雨倾盆而下，雷声大作。刘备从容地低头拿起筷子，说道：“因为打雷被吓到了，才会这样。”曹操笑着说：“大丈夫也怕打雷吗？”刘备说：“圣人听到刮风打雷也会变脸色，何况我呢？”很自然地将内心的惊惶掩饰了过去。

曹操这才不怀疑刘备，而刘备也由此逃过一劫。后来刘备借口带兵讨伐袁术，从容离开许都，摆脱了曹操的威胁。后人有诗称赞刘备说：“勉从虎穴暂趋身，说破英雄惊煞人。巧借闻雷来掩饰，随机应变信如神。”

为人处世，要能屈能伸，特别是处于险境的时候，更要和光同尘，韬光养晦。

此次曹、刘二人“青梅煮酒论英雄”，从曹操的“说破英雄惊煞人”，到刘备“随机应变信如神”，可谓步步惊心。曹操的睥睨群雄之态、雄霸天下之志表露无遗。而刘备随机应变，进退自如，也表现出了一世豪杰所应有的机智和城府。这一场“鸿门宴”，双方都是赢家。

周厉王禁言与国人暴动

老子说："多言数穷，不如守中。"意思是说政令繁苛反而会加速国家的灭亡，不如保持虚静的状态。

西周末年，周厉王为政苛暴，最终导致"国人暴动"，不但自己遭到驱逐，也使得西周的统治出现了分崩离析的局面。这一故事可以很好地说明这个道理。西周中期以来，周王朝逐渐趋于衰落。到周厉王时期，由于各种社会矛盾进一步激化，加上周厉王的横征暴敛，倒行逆施，爆发了历史上著名的"国人暴动"。

周夷王死后，周厉王姬胡继位，其时周王室国势衰微，诸侯不来朝见天子，戎夷环伺，贡赋减少，国库空虚，周王朝面临着内忧外患。面对严峻的形势，周厉王认为其父周夷王在位时，对诸侯大夫过于宽和，决定以严酷的手段来震慑臣下。不久，就借故烹杀了齐哀公。周厉王又贪财好利，千方百计地搜刮民脂民膏。有一个臣子叫荣夷公，教唆厉王对山林川泽的物产实行"专利"，由天子直接控制，不论是王公大臣还是平民百姓，只要他们采药，砍柴，捕鱼虾，射鸟兽，都必须纳税；甚至喝水、走路也得缴纳钱物。这个办法，遭到老百姓的强烈反对，一些比较开明的官吏也觉得很不妥当，很多大臣纷纷向厉王进忠言。其中有个叫芮良夫的大夫劝告厉王不要实行专利，他说："专利会触犯大多数人的利益，是很伤人心的做法。"可是厉王根本听不进去，他一味宠信荣夷公，还让他来负责实行专利。

平民被断了生路，怨声四起，纷纷咒骂。而周厉王不但不收敛，反而又派了一个佞臣卫巫监视百姓，将许多不满专利的平民捕来处死。厉王的高压政策，使得亲友熟人在路上遇到了都不敢互相打招呼，只能互相使个眼色，整个都城气氛变得死气沉沉。这就是成语"道路以目"的由来。

面对这种情况，大臣召公劝诫说："这样堵住人民的嘴，就像堵住了一条河。河一旦决口，就要造成灭顶之灾；人民的嘴被堵住了，带来的危害远甚于河水。治水要采用疏导的办法，治民要让天下人畅所欲言，然后采纳其中好的建议。"周厉王听了不以为然地说："我是堂堂天子，那些无知的愚民只能遵从我的命令，怎么能让他们随便议论！"仍然一意孤行，实行暴政。

周厉王的倒行逆施使得百姓忍无可忍，公元前841年的一天，都城四郊的百姓自发地集结起来，他们手持木棍、农具作武器，从四面八方扑向都城的王宫，向周厉王讨还公道。周厉王听到由远而近的愤怒的呼喊声，忙命令调兵镇压。可是竟然没有士兵肯听从他的命令。臣下回答说：“我们周朝寓兵于农，农民就是兵，兵就是农民。现在农民暴动了，还能调集谁呢？”周厉王这才知道大祸临头，但为时已晚，便匆忙带着宫眷步行逃出都城，沿渭水朝东北方向日夜不停地逃到远离都城的彘（今山西省霍州市），筑室居住了下来。百姓打进王宫，没有搜到厉王。有人探知厉王的太子靖逃到召公虎家躲了起来，因此又围住召公虎家，要召公虎交出太子。召公虎没有办法，只好把自己的儿子冒充太子送了出去，才算把太子保护了下来。

在大臣周公、召公的极力劝解下，集结到王宫中的百姓才渐渐散去，暴动暂时得以平息。根据贵族们的推举，周公、召公暂时代理政事，重要政务由公卿大臣共同商议，这种政体被称为共和（一说由共国国君共伯和代行天子职务），史称“周召共和”或“共和行政”。

这一次以都城四郊的平民为主体的暴动，历史上称为“国人暴动”。这一年，历史上称为“共和元年”。由于《史记》一书由共和元年（前841）开始纪年记事，因此国人暴动、厉王被逐、共和行政的这一年，就被视为中国历史有确切年份记载的开始。国人暴动有力地打击了西周王朝，动摇了其统治，西周很快地衰落了下去。逐步出现了分崩离析的局面。尽管后来又出现了短暂的“宣王中兴”，但宣王之后，周幽王“烽火戏诸侯”，玩火自焚，西周最终为犬戎所灭。

周厉王承前朝积弊，不思革故鼎新，轻徭薄赋，与民休息，反而变本加厉，加紧盘剥，使得臣民怨声载道，民心思变。最终民众忍无可忍，只好联合起来，以暴动的方式对周厉王的暴政做出回答。国人暴动不仅推翻了周厉王的残暴统治，也加速了西周的灭亡。以史为鉴，可以知兴替。为政者只有以民为本，与民谋利，而不与民争利，减轻人民的负担，才能获得民心，国家才会长治久安。

寓言故事两则

老子本章所阐述的道理是无为，告诫人们遵循自然规律行事。在人生的道路上，在追求财富的过程中，我们也应贯彻这一思想，遵循客观规律，信守大道，保持虚静，不做有违大道的事情。

春秋时期，有两户人家，一家住在齐国，姓国，十分富有，远近闻名；一家住在宋国，姓向，非常贫穷，无人知晓。一天，姓向的穷人听说齐国有这么一家姓国的人家很有钱，便专程从宋国跑到齐国，向姓国的请教致富的方法。姓国的富人告诉他说："我之所以能够积累起这么多财富，其实是因为我很善于'偷'。我只花了一年的工夫就不愁吃穿；两年下来就已经相当富足；而三年之后，我就土地成片、粮食满仓，成了方圆百里之内的大户。而在我富有之后，便向周围的穷人施舍财物，大家也都得到了我的好处。"

姓向的人听了便觉得自己已经知道致富方法了，还没来得及听姓国的进一步解释，便匆匆离开了。他以为姓国的致富靠的就是偷盗，他将姓国的所说的"偷"理解为翻越人家的院墙，撬开人家的房间，然后将自己能看到的，并且手又能拿到的东西，统统拿到自己家里，归自己所有。如此，便会快速致富了。他回家以后，到处偷窃。如此，过了段时间，他便被官府逮住了，人赃并获，他也因此被判了罪。这个可怜的人不但清退了全部赃物，而且还被判罚没收他以前积累的所有家产。

这下，本来就穷的他这下彻底成了一个穷鬼。

姓向的想来想去，觉得是姓国的人欺骗了自己，最终导致了自己这个结局。于是他又千里迢迢地到齐国去，找到姓国的并责备他说：“你骗我，说偷可以致富，我按照你说的办法去做了，却犯了法，害得我连以前的家产也没有了！”

姓国的一听便哈哈大笑，问他道：“那你是怎么去偷的呀？”姓向的于是便将自己翻墙撬门偷盗人家财产的经过讲给姓国的听了，姓国的一听，又好气又好笑地对他说：“哎呀，你怎么这么糊涂啊！你那天根本没弄懂我所说的‘善于偷盗’是什么意思，便急着走了。现在你仔细听着，我给你解释清楚。我们知道，天有四季变化，地也随着四季而产生丰富的物产，我所偷的就是这天时和地利呀。雨水霜露，有助于我庄稼的生长，山林提供我建造房屋的材料，湖泽的养殖供给我特产。我能够在陆地上‘偷’飞禽走兽，在有水的地方则‘偷’鱼虾龟鳖。而无论是庄稼和林木还是禽兽和鱼虾龟鳖，这些东西都是大自然的产物，原本并不属于我。我正是依靠自己的辛勤劳动，在自然界里获取财富，自然不会触犯法律，也不会有灾祸了。而那些金银宝石、珍珠宝贝、粮食布匹，却是别人积累起来的财富，你用不劳而获的手段去占有别人的劳动成果，这当然便是犯罪啦。所以，你因偷盗罪而受到了处罚，只能怪你自己呀？”姓向的听了这番话，非常惭愧地离开了。

女娲造人

盘古开天辟地后，天上便有了太阳、月亮和星星；而地上则有了山川草木，甚至有了鸟兽虫鱼了。后来，天地间出现了一个神通广大的女神，名叫女娲。据说，女娲一天能够变化七十次。有一次，女娲行走在茫茫的原野上，看看周围壮美的山川湖泊和可爱的飞鸟鱼虫，总觉得这天地之间还缺少点什么，以使这个世界更加富有生气。

究竟该增添什么东西进去才好呢?

这个问题一直困扰着女娲。女娲不停地往前走，一直走了很远，最后她走得实在有些疲倦，就在一个池子旁边蹲下来。澄清的池水照见了她的面容和身影：“她笑，池子里的影子也朝着她笑；她假装生气，池子里的影子也跟着生气。眼前的景象，让女娲突发奇想：“世间各种各样的生物都有了，却唯独没有像自己一样的生物，那么为什么不创造一种像自己一样的生物，使其加入到世间之中呢?

想着想着，她就顺手从池边掘起一团黄泥，掺和了水，在手里揉着，捏着，捏成了一个娃娃模样的小东西。

女娲把这个小东西放到地面上。说也奇怪，这个泥捏的小家伙，刚一接触地面，就活了起来。

女娲见了，相当兴奋，给这个小家伙取了一个名字，叫作“人”。

人的身体虽然小，但因为是女神女娲创造的，相貌和举动也有些像神，和飞的鸟、爬的兽都明显不同。而且，看起来还似乎有一种管理宇宙的非凡气概。

女娲对她的作品感到非常满意。于是，她就非常努力地继续工作，用黄泥做了许多能说会走的可爱的小人儿。从此，女娲再也不感到孤独、寂寞了。就这样，女娲不停地工作，一直工作到晚霞布满天空，星星和月亮射出幽光。夜深了，她只把头枕在山崖上，稍微睡一睡，第二天，天刚微明，她又赶紧起来继续工作。女娲一心要让这些灵敏的小生物布满大地。但是，大地毕竟太广阔了，要想实现这一愿望，的确很难。苦思冥想后，她终于得到了灵感：“从崖壁上拉下一条枯藤，伸到一个泥潭里，搅成了浑黄的泥浆，然后提起枯藤，向四处挥洒。只见泥点溅落的地方，出现了许多小人儿，和先前用黄泥捏成的小人儿一模一样。不久，大地上布满了人类。

尽管大地上布满了人类，可女娲的工作并没有因此而终止。她又想：“人是要死的，难道死了一批再创造一批吗？这未免太麻烦了。怎样才能使他们绵延不绝呢？后来，她终于想出了一个办法，就是把那些小人儿分为男女，叫他们自己去创造后代。并让他们参照其他动物那样，让人类也男女婚配，这样，人类就世世代代延续下来了，并且人数一天比一天增多。

女娲造人的传说，充分印证了老子对于“绵绵若存，用之不勤”的宇宙之源的认识。

盘古开天辟地

老子说："谷神不死，是谓玄牝。"生养天地万物的道是永恒存在的，这叫作玄妙的母性。在老子看来，一切具体存在的本源都是混沌，万物是由混沌中产生的。"盘古开天辟地"的故事家喻户晓，而天地万物就是从混沌中孕育而生的。

盘古是中国历史传说中开天辟地的祖先，他殚精竭虑，以自己的生命演化出生机勃勃的大千世界，为千秋万代的后人所景仰。传说在天地还没有开辟以前，有一个不知道为何物的东西，没有七窍，叫作帝江（也有人叫它混沌），它的样子如同一个鸡蛋。"鸡蛋"里是一片混沌，漆黑一团，没有天地，没有日月星辰，更没有人类。它有两个好友，一个叫倏，一个叫忽。有一天，倏和忽商量为帝江凿开七窍，帝江同意了。倏和忽用了七天的时间为帝江凿开了七窍，但是帝江却因为七窍被凿而死了。帝江死后，它的肚子里出现了一个人，名字叫盘古。盘古在这个"鸡蛋"中一直酣睡了约一万八千年，醒来后发现周围一团黑暗。他想伸展一下筋骨，但鸡蛋紧紧包裹着身子，使他感到浑身燥热不堪，呼吸非常困难，又看不见一丝光明，于是，他决心捅破这个“大鸡蛋”。盘古胳膊一伸，腿脚一蹬，“大鸡蛋”就被撑碎了。可是，他睁大眼睛一看，上下左右，四面八方，依然是漆黑一团，混沌难分。盘古勃然大怒，于是他拔下自己的一颗牙齿，把它变成威力巨大的神斧，抡起来用力向周围劈砍。“哗啦啦……”一阵巨响过后，“鸡蛋”中有一股清新的气体散发开来，飘飘扬扬升到高处，变成天空；另外有一些浑浊的东西缓缓下沉，变成大地。从此，混沌不分的宇宙一变而为天和地，不再是漆黑一片。天地一分开，盘古觉得舒坦多了。他长长地舒了口气，想站立起来，然而天却沉重地压在他的头上。他意识到如果天不高高地升到高空，那么地上的生灵也就永远难以生存。他坐下来思考怎样才能解决这一问题。

最后，他断定，只有把天托住，芸芸众生才盘古以身体支撑于天地之间。能繁衍和生存。于是，他就用手撑着青天，双脚踏着大地，让自己的身体每天长高一丈，随着他的身体增长，天每天增高一丈，地每天加厚一丈。这样又过了十万八千年，天越来越高，地越来越厚，盘古的身体长得有九万里那么长了。天终于高高悬于大地的上方，而盘古也感到疲惫不堪。他仰视双手上方的天空，又俯视脚下厚重的大地，断定天地之间已经有了相当的距离，他终于可以躺下来休息，而不必担心天会塌下来压碎大地了。

盘古慢慢地躺在地上，闭上沉重的眼皮。盘古开天辟地，耗尽了心血，流尽了汗水。在睡梦中他还想着：“光有蓝天、大地不行，还得在天地间造些日月山川、万物生灵。可是他已经累倒了，再不能亲手造这些了。最后，他想：“把我的身体留给世间吧。

于是，盘古的头变成了东山，他的脚变成了西山，他的身躯变成了中山，他的左臂变成了南山，他的右臂变成了北山。这五座圣山确定了四方形大地的四个角和中心。它们像巨大的石柱一样耸立在大地上，各自支撑着天的一角。

盘古的左眼，变成了又大又圆的太阳，高悬于天上，给大地以温暖；右眼变成了明净的月亮，给大地以光明。他睁眼时，月儿是圆的；眨眼时，就又成了月牙儿。他的头发和眉毛，变成了天上的星星，布满天空，随月隐现。

他嘴里呼出来的气，变成了春风、云雾，使得万物生长。他的声音变成了雷霆、闪电。他的肌肉变成了大地的土壤，筋脉变成了道路。他的手足四肢，变成了高山峻岭。骨头牙齿变成了埋藏在地下的金银铜铁、玉石宝藏。他的血液变成了滚滚的江河，汗水变成了雨和露。他的汗毛，变成了花草树木。他的精灵，变成了鸟兽鱼虫。

从此，天上有了日月星辰，地上有了山川树木、鸟兽虫鱼，天地间从此有了世界。

孙叔敖廉洁爱民

老子的思想，均由对自然的认识而推及人事。本章所论，最为典型。天地之所以能够长久，在于它不自生。圣人以自然为师，无我乃能有我，无私乃能成其私。在老子看来，圣人应当作到谦恭、无私，鞠躬尽瘁，死而后已。这和“先天下之忧而忧，后天下之乐而乐”有着异曲同工之妙。

历史验证了老子的处事原则的合理性，历朝历代的仁人志士，先人后己，舍己忘私，最终赢得了人民的尊敬与爱戴。春秋时期楚相孙叔敖的事迹，就充分体现了老子的这一处事原则。

孙叔敖，蔿氏，名敖，字孙叔，春秋时期楚国名臣。孙叔敖少年时因义杀两头蛇为民除害而享誉乡里。楚国令尹（楚相）虞丘喜欢有才能的贤士，他年老的时候，看到孙叔敖品德高尚、学问渊博，因此请求楚王让孙叔敖替代自己的令尹之职。楚庄王采纳了虞丘的建议，并用国王乘坐的专车去迎接孙叔敖。后来，孙叔敖出任楚国令尹，他辅佐楚庄王施教导民，宽刑缓政，发展经济，做出了很大的政绩。另外，孙叔敖还主持兴修了芍陂（今安丰塘），不但改善了农业生产条件，也增强了楚国的国力。

据史书记载，孙叔敖刚当上令尹的时候，许多人都来向他道贺。这时，来了一位名叫狐丘丈人的老者，他不但不向孙叔敖祝贺，还做出慰问的样子。孙叔敖觉得很奇怪，便把他引入内屋，并向他询问为什么这么做，狐丘丈人说道：“身处尊贵而对人骄傲，百姓就不再与你亲近；位高责重而滥用职权，君主就会讨厌你；俸禄优厚而不知足，祸患就会降临到你的头上了。”临别时，狐丘丈人反复告诫，孙叔敖连连称是。

孙叔敖出身贫苦，对民众的疾苦和愿望有着切身体会。他依照狐丘丈人的叮嘱，制定了“施教导民”的治国策略，即不依靠政令强行施政，而是根据农时，顺应民意，由官府带头倡导，让百姓仿效。

孙叔敖在任令尹期间，曾做过很多施教导民的好事，并传为佳话。孙叔敖根据秋冬农闲的规律，积极引导百姓进山砍伐竹木，猎取禽兽；根据春夏河水上涨的规律，引导百姓用河水运出山里的竹木和捕捞鱼虾。还有一次，楚庄王曾下诏将钱币造大，楚国的百姓感到携带大的钱币行走不便，而铸造钱币的手工业者也嫌成本高而纷纷转行，这就导致市场秩序的混乱。孙叔敖了解到这一情况，便建议楚庄王恢复原有的币制，以顺应民意。楚国当时有一个习俗，那就是喜欢坐矮车，这种矮车马高车矮，车子行驶的时候速度很慢，楚庄王想下诏改造这种车子。孙叔敖表示赞同，但是他不赞成以政令的形式通告全国，而建议将乡间的门槛提高，让矮车不能通行，并将官府的车辆变成高大的车子，自由通行。不到半年，楚国原先的矮小的马车不见了，都变成了高大的车子。通过实施这些措施，楚国的经济获得了迅猛发展，百姓安居乐业。孙叔敖的施教导民的策略，是富国强邦之举，被司马迁赞为“不教而民从其化”。后来，孙叔敖的这个方略也在其他六国推广开来。

孙叔敖在楚国任令尹的时候，还在淮河流域修建了一个著名的水利工程——芍陂。芍陂又称安丰塘，实际是一座大型水库。楚国处在江淮流域，常年多水患。孙叔敖修建这座水库之后，不但有效地治理了淮河水患，而且灌溉了大片良田，促进了楚国经济的发展，也为楚国后来称霸奠定了经济基础。

孙叔敖辅佐楚庄王治国安邦，做出了很大的政绩，楚庄王几次要赐其封地。但是孙叔敖时时记着“俸优禄厚而不知足，祸患就会降临”这句话，因此坚持不受。孙叔敖临死的时候，告诫儿子说：“我活着时，没有接受楚王的封地，死后楚王必定封你城邑，到时，你一定不要接受别人都争着要的城邑，在楚越边界有个叫寝丘的地方，那里低洼脊薄，城名也不吉利，历来没有人争夺，你可以请求楚王把那个地方赏赐给你，这样，你的衣食饱暖就无忧了。

孙叔敖为相清正廉洁，没有留下一点积蓄。死后几年，孙叔敖的儿子穷愁潦倒，只好跑到山里，以砍柴为生。孙叔敖的好友优孟听说后，上朝时打扮成孙叔敖的模样，以便引起楚王的注意。

楚王一看，吃了一惊，还以为是孙叔敖显灵了，细看之下，才知道是优孟，便想任命优孟担任令尹。优孟说："孙叔敖为楚国立下了很大功劳，死后儿子以砍柴为生，我的才能远远比不上孙叔敖。要我去当令尹，将来儿子恐怕连衣食都不能保障了。"优孟的一席话点醒了楚王，楚王立即下令给孙叔敖儿子重赏和封地。孙叔敖的儿子根据父亲的遗嘱，没有申请大的城邑，只向楚王要了寝丘。

庄王没有强求，于是封寝丘四百户给孙叔敖之子，还夸奖贤者之后有贤风。依照楚国法令规定，功臣的封地经过两代之后，要封别人的时候就得收回。由于寝丘是个人人嫌弃的地方，所以孙叔敖的封地一直传了十几代。孙叔敖不争肥缺而得长利，后人称之为"短智佐君王，长智利子孙"。

历朝历代的很多官吏，他们的两只眼睛总是盯着名和利。如果是为官正派、清正廉洁的，他就会位堪重任，严于律己，一切以国家和百姓为先，后来被称为贤臣、清官、廉吏，从而留名青史。

大禹治水三过家门而不入

相传在四千余年前，正是尧当政的时候。那时，生产力低下，生活条件艰苦，有些大河每隔一年半载就要发一次水灾。有一次，黄河流域发生了特大水灾，洪水横流，到处是一片汪洋泽国，房屋倒塌，田地被淹，五谷不收，人民淹死、饿死者不可胜数。活着的人只得逃到山上去躲避。

为了解除水患，帝尧召开了部落联盟会议，请各部落首领共商治水大事。尧对大家说："水灾无情，请大家商议一下，派谁去治水？"大家公推鲧去办理。尧不赞成，说："鲧很任性，可能办不成大事。"但是，首领们坚持让鲧去试一试。按照当时部落议事的习惯，当部落联盟首领的意见与大家意见不一致时，首领要听从大家的意见。尧只好采纳大家的建议，勉强同意让鲧去治水。

鲧到治水的地方以后，沿用了过去传统的水来土挡的办法治水，也就是用土筑堤，堵塞漏洞的办法。他用了个像围墙似的小土城把人们活动的地区围了起来，洪水来时，就不断加高加厚土层。但是由于洪水凶猛，不断冲击土墙，结果弄得堤毁墙塌，洪水反而更加肆虐了。鲧治水九年，劳民伤财，却一事无成，并没有把洪水制服。

尧死后，大家推举舜当了部落联盟的首领。舜巡视治水情况，看到鲧对洪水束手无策，耽误了大事，就将鲧治罪，处死在羽山。部落联盟又推举鲧的儿子禹去完成其父未竟的事业，还派商族的始祖契、周族的始祖弃、东克族的首领伯益和皋陶等人前去协助。

禹是个精明能干、大公无私的人。他接受治水任务时，刚刚和涂山氏的一个姑娘结婚。但大禹看到群众受到水害的情景，想到自己肩负的重大任务，便毅然告别妻子，来到治水前线。

大禹首先请来了过去治水的长者和曾同他父亲鲧一道治过水害的人，大家一起总结过去失败的原因，寻找根治洪水的办法。有人认为："洪水泛滥是因为来势凶猛，流不出去。"有人建议："看样子，水是往低处流的。只要我们弄清楚地势的高低，顺着水流的方向，开挖河道，把水引出去，就好办了。"这些使大禹受到很大启发。于是带领契、弃等人和徒众助手一起跋山涉水，把水流的源头、上游、下游大略考察了一遍，并在重要的地方堆积一些石头或砍伐树木作为记号，便于治水时做参考。这次考察是很辛苦的。

据说有一次他们走到山东的一条河边，突然狂风大作，乌云翻滚，电闪雷鸣，大雨倾盆。顷刻间山洪暴发了，一下子卷走了不少人。有些人在咆哮的洪水中被淹没了，有些人在翻滚的水流中失踪了。大禹的徒众受了惊吓，因此后来有人就把这条河叫徒骇河（在今山东禹城和聊城一带）。经过实地考察，大禹制定了切实可行的方案：“一方面要加固和继续修筑堤坝；另一方面，改变了其父治水的方法，用开渠排水、疏通河道的办法，把洪水引到大海中去。”即用“疏导”的办法来根治水患。为了便于治水，大禹还把天下划分为九个大州，即冀、兖、青、徐、扬、荆、豫、梁、雍等州。从此，一场规模浩大的治水工程便展开了。

大禹亲自率领二十多万治水群众，带着简陋的石斧、石刀、石铲、木耒等工具，开始治水。大禹除了指挥外，还亲自参加劳动，以身作则，大禹带领群众一起疏导河流。

他手握木锸（形状近似于今天的铁锹），栉风沐雨，废寝忘餐，夜以继日，不辞劳苦。一次，他们来到了河南洛阳南郊。这里有座高山，峰峦奇特，巍峨雄姿。高山中段有一个天然的缺口，涓涓细流就由隙缝轻轻流过。但是，特大洪水暴发时，河水被大山挡住了去路，在缺口处形成了旋涡，奔腾的河水危害着周围百姓的安全。大禹决定集中人力，在群山中开道。艰苦的劳动，损坏了一件件石器、木器、骨器工具。人的损失就更大："有的被山石砍伤了，有的上山时摔死了，有的被洪水卷走了。可是，他们仍然毫不动摇，坚持劈山不止。在这些艰辛的日日夜夜里，大禹手上长满了老茧，小腿上的汗毛被磨光了，脸晒黑了，人也累瘦了。由于长期泡在水中，他的脚指甲也脱落了。但他还在劳作着、指挥着。在他的带动下，治水进展神速，大山终于豁然屏开，形成两壁对峙之势，洪水由此一泻千里，向下游流去，江河从此畅通。

由于任务艰巨，时间紧张，在治水过程中，大禹曾三过家门而不入。第一次路过家门时，他的妻子刚刚生下儿子没几天，恰好从家里传来婴儿"哇哇"的啼哭声，他怕耽误治水，没有进去；第二次路过家门时，躺在妻子怀里的儿子已经会叫"爸爸"了，但工程正是紧张的时候，他还是没有进去；第三次过家门时，儿子已经十多岁了，孩子看见了父亲，非常高兴，要大禹到家里看一看，

他还是没有进去。大禹把整个身心都用在开山挖河的事业中了。大禹"三过家门而不入"的故事成为美谈，至今仍为人们所传颂。

在大禹领导下，广大群众经过十多年的艰苦劳动，终于疏通了九条大河，使洪水沿着新开的河道，"服服帖帖"地流入大海。

同时，他们把原来的高处培修使其更高，把原来的低地疏浚使其更深，便自然形成了陆地和湖泽。然后再把这些大小湖泽与大小支流联结起来，洪水就畅通无阻地流向大海了。这样，大禹制服了水患，完成了造福后世的伟大业绩。

老子说："圣人之能成大也，以其不为大也，故能成其大。"大禹不负众望，率领百姓奋斗十余年，终成"补天沐日"之功，拯救万民于水深火热之中，可谓其功至伟。而其率身垂范，亲力亲为，为治水三过家门而不入的高尚风范，尤为后人所称道钦敬。

李时珍尝百草钻研医术

有一种人接济天下不为名利，关爱他人不求显达，他们兢兢业业，不辞劳苦，用自己所长造福一方，虽无扬名立世之心，却仍流芳百世；虽姿态卑微，却仍备受尊敬。明朝的李时珍就是这样一个人。

李时珍字东壁，号濒湖，1518年出生于湖北蕲州县的一个医学世家。他的祖父是位走乡药郎，常年摇着铃铛往来于村里乡间，为人治病化疾。他的父亲也是一名医生，医术高明，为人正直，颇得百姓爱戴。

李时珍在23岁那年向父亲学习医术，为继承家业作准备。受父亲影响，他收集了大量和地方特产药物有关的资料，并经常向经验丰富的老医生和药农问询。一段时间后，他开始随着父亲一起出诊。1545年，蕲州发生了洪灾，紧接着又暴发瘟疫。明朝政府虽然设立了“惠民局”为百姓诊治疾病，无奈染疫者甚多，惠民局根本忙不过来。在这种情况下，李时珍和父亲主动投身到当地疫病的防治工作中。他们扬仁义之德，怀济世之志，不管找他们治病的是穷是富，他们都一视同仁，悉心诊治。有时，他们还会免去患者的医药费，将配好的药物无偿地送给病人。史书中就有这样的记载，说李时珍“千里就药于门，立活，不取值”。

对一些人来说，行医治病只是安身立命的职业，但对李时珍而言，这却是救人的事业。他从未想过靠行医敛财发家，而是将“治身以治天下”“寿国以寿万民”当作目标。李时珍38岁那年因医治楚王之子得到楚王的赏识，被楚王推荐到太医院就职。然而，尽管在太医院中任事，论收入、论名望，都比行走乡间为村妇村夫治病强得多，但李时珍只待了一年就托病回家了。他将全部身心都投入在一件在外人看来颇费力不讨好的事中——编修《本草纲目》。

原来，在行医的日子里，李时珍对本草产生了兴趣，但他发现前人的本草经典中有不少语焉不详的地方。这让李时珍萌生了修改古代医书中谬误的想法。毕竟，医书之于医者相当于救人之法典，其中谬误必对患者为害甚大。

李时珍的编修并非只是坐在家里查阅古代典籍，为了彻底弄清各类药物的特性，他穿上草鞋，背起药篓，领着徒弟和儿子长途跋涉，先后去了安徽、江西、湖南、江苏、河南、河北等多个地方。一路上，他们跋山涉水采集药物，虚心向农叟渔樵请教。有时，为了搞清楚某种草药的性质，李时珍还冒着生命危险亲身试药。由于年轻时曾听人说曼陀罗十分神奇，可以让人又唱又跳，在经过武当山时，李时珍便采下曼陀罗，亲口喝下用其花籽浸泡过的酒，证实了曼陀罗确有令人麻醉的功效。

李时珍花了十多年的时间进行野外考察，历尽千辛万苦，作了数万字的访问记录和笔记，不仅积累了丰富的药物资料，还发现了不少古人未曾提过的新药。回到家后，他又花了大量时间对这些资料进行整理。《明史》中曾这样记述李时珍写作《本草纲目》的过程："乃穷搜博采，芟烦补阙，历三十年，阅书八百余家，稿三易而成书。"

整部《本草纲目》共52卷，记载药方11096个，药物1892种（其中包括新药374种），约一百九十万字，还配有一千多幅插图，堪称李时珍毕生心血的结晶。其中的每个字，每幅图都是李时珍治病救人的强大信念的体现。

作为旧本医书的归纳整理，《本草纲目》不可避免地要将旧本医书中一些荒诞不经的"药物"搜罗进来，譬如人骨、人肉、人血。但李时珍并没有像对待寻常的药物那样对待这些"特殊药物"。

比如针对唐代《本草拾遗》里人血有润燥及治狂犬之咬的说法，他写道：“始作方者，不仁肾矣，其无后乎？虐兵残贼亦有以酒饮人血者，此乃戮天之民，必有其报。”针对以人骨为药的说法，他毫不客气地进行了痛斥：“古人以掩暴骨为仁德，每获阴报，而方伎之流，心乎利欲乃收人骨为药饵，仁术故如此乎？且犬不食犬骨，而人食人骨可乎？”至于人肉，李时珍干脆没有附上任何和其有关的药方，对《孝经》中提到的割股疗亲一事，也予以了严厉的批评：“父母虽病笃，岂有欲子孙残伤其肢体而自食其骨肉乎？此愚民之想也。”这些情感强烈、倾向明显的文字，无不体现了李时珍对人及生命的敬重。

《本草纲目》出版时，李时珍已经去世数年。但这并不妨碍他被后世尊为“医圣”，他就如老子笔下的“上善之水”，以善利人，深沉无争，谦虚勤奋，重仁博施。他的医术令人称道，医德更为人敬仰。

深知进退的范蠡

功成之后，要懂得谦退，不可锋芒太露，这样才能保全自己。

范蠡，字少伯，楚国宛人。他出身贫寒，但是勤奋好学，又富有文韬武略，是个很有抱负的人。由于他在楚国不得志，所以转而投奔了越国。范蠡在辅佐越王勾践期间，身经劳苦，勤奋努力，帮助勾践治理越国二十二年，终于灭掉了吴国，雪洗了勾践当年在会稽所受的耻辱。以后，范蠡又向北进兵，渡过淮河，紧逼齐国和晋国，进而向中原各国发号施令，尊奉周王室。勾践实现霸业以后，范蠡号称上将军。由此可知，范蠡在辅佐勾践灭吴，进而称霸的漫长过程中立下了汗马功劳。不过，正是由于他与勾践相处的时间很长，所以才十分了解勾践的为人，知道其可以共患难，但难以共处安乐。而范蠡知道自己名气大了，难以久留，如果不急流勇退，后果不堪设想。所以，在越国处于最强盛的时候，范蠡向勾践递交了一份辞职信，信上说：“我听说主上心忧，臣子就该劳累分忧；主上受侮辱，臣子就该死难。从前君王在会稽受侮辱，我所以没有死，是为了报仇雪耻。现在已经报仇雪耻，我请求追究使君王受会稽之辱的罪过。”勾践看到范蠡的信，非常生气，立即把他找来，沉着脸说道：“我要把越国的江山分给你一半，让我们共同享有。不然的话，就要惩罚你。”范蠡知道，勾践所说的话前一句并非真心，但后一句倒是实意，对此他早有准备，便从容地向勾践说道：“君主执行自己的命令，臣子实践自己的意愿。”回到家后，范蠡就打点包装了细软珍贵珠玉，与私属随从乘船从海道走了，以后再也没有回来。范蠡走后，勾践曾让工匠铸了一尊铜像，放在自己的座位旁边；另外，他还把会稽山作为范蠡的奉邑，以表示对他的怀念之情。两百多年后，司马迁在谈到有些人“知进而不知退，久乘富贵，祸积为祟”时，还以范蠡的事迹与之作比较，认为范蠡功成身退，名传后世，这是很难达到的境界。

离开越国之后，范蠡浮海来到齐国，改名换姓，自称“鸱夷子皮”。后来范蠡一家在齐国的海滨定居下来，他们吃苦耐劳，勤奋努力，治理的产业颇为丰厚。住了没多久，范蠡就累计了数十万的财产。齐国人听说他有才能，就让他做了相国。范蠡叹息说：“住在家里能弄到千金财产，做官做到卿相，一个普通人能这样，也就达到极致了。长期享受尊贵的名号，是不吉利的。”于是归还了相国的印信，全部发散他的家财，分给相知的好友和乡亲们，带着贵重的财宝，悄悄地离开，到陶地住了下来，他认为这里是天下的中心，交易买卖，和各地相通，做生意可以致富。于是他自称为“陶朱公”。又规定父子耕田畜牧，囤积储存，等候时机，转卖货物，追求十分之一的利润。待了不久，范蠡就积累了万万的家产。

由上可知，范蠡是一个真正有智慧的人，他不仅有政治才能，而且在经商方面也有自己的独到见解，更难能可贵的，是他懂得如何保护自己。

从谏如流的唐太宗

老子主张作为统治者要做到勤政爱民，施行仁政。统治者要关心百姓的疾苦，倾听百姓的心声。老子用人的生理现象的“天门开阖”“明白四达”来喻指统治者要广开言路，倾听民间的呼声，体察人民的疾苦。广开言路，善于听取谏言是统治者应当采取的治国原则。如果统治者不能做到通达，就会引起人民的不满，最终招致灾祸。因此，历史上的得道明君，无不善于听取臣民的呼声，唐太宗李世民就是最著名的一个。

唐太宗李世民在中国历史上以善于纳谏著称于世。唐太宗在位时期，与文武百官励精图治，开创了我国封建社会历史上的一代盛世“贞观之治”。唐太宗的治政要略一直为后人所赏鉴。贞观之治的出现，与唐太宗的虚怀纳谏之风有很大的关系。

唐太宗倡导直谏。唐太宗即位后，十分重视总结隋朝灭亡的教训，鼓励并倡导大臣直谏。不过，在“尊君为首”的古代社会里，直谏又谈何容易呢！唐太宗知道臣子们心有顾虑，所以在即位之初即显示自己闻言听谏的诚心诚意。他对大臣们说：“人要照见自己，一定要有明镜；一国之主要想知道自己的过失，一定要借助于忠臣。”此外，他还提到隋朝的教训：“隋炀帝暴虐无道，臣下进言的门路被堵塞了，他听不到批评自己的话，所以才招致了灭亡。……因此，作为臣子，你们必须极言规谏。”唐太宗不但鼓励百官直谏，还大力奖赏敢于直谏的人，鼓励谏诤。贞观元年（627），一个名叫元律师的人犯了罪，被判死刑。司法官孙伏伽对于这种判法有所不满，所以进谏说：“按照现行的法律，元律师不该被处死刑，法官不能因为憎恨而滥加刑罚。”唐太宗听了之后，不但没有生气，反而把价值百万钱的兰陵公主园赏赐给了孙伏伽。一些大臣对此不理解，便向太宗询问为什么这样做。唐太宗回答说：“我刚刚即位，需要在朝堂上下形成敢于直谏的风气。孙伏伽是我登基以来，第一个敢于批评朝政的，所以我要好好奖赏他。”群臣看到唐太宗有虚怀纳谏的诚意，于是竞相直谏，涌现出一批敢于批评朝政的诤臣。以直谏闻名的魏徵曾对唐太宗说：“陛下导臣使言，臣所以敢言。若陛下不受臣言，臣亦何敢犯龙鳞、触忌讳也！”这句话意思是说，正是由于唐太宗允许大臣直言，所以大臣们才敢公开批评朝政。这实在是一句真心话。在封建社会中，即便是像魏徵这样的大臣，也不是不怕“犯龙鳞”，而是因为他辅佐的是一位倡导直谏的贤明君主，所以这才心中没有顾忌。从倡导直谏上来说，其他帝王的确不及唐太宗。

贞观二年正月的一天，唐太宗突然问魏徵道："人主怎样叫明，怎样叫暗？"魏征回答说："兼听则明，偏信则暗。从前帝尧向下面民众了解情况，所以三苗作恶之事能够及时掌握。帝舜耳听四面，眼观八方，所以共、鲧、驩兜不能蒙蔽他。秦二世偏信赵高，在望夷宫为赵高所杀；梁武帝偏信朱异，在台城被软禁饿死；隋炀帝偏信虞世基，死于扬州的彭城阁兵变，所以人君应当广泛地听取意见，那样贵族大臣就不敢蒙蔽，下情也得以上达了。"唐太宗听了非常赞同。唐太宗亲眼看见了隋朝的灭亡，深知"明主思短而益善，暗主护短而永愚"的道理。他常向大臣们提起骄奢淫逸、拒不纳谏的隋炀帝。这位偏信虞世基的亡国之君，在农民起义已经风起云涌的时候却还被蒙在鼓里，竟然什么都不知道。这给后人留下了"身不闻过，恶积祸盈，灭亡斯及"的笑柄。隋炀帝的前车之鉴，也让唐太宗清醒地认识到兼听的重要性以及偏信的危害性。

唐太宗重视"兼听"的故事有很多。例如，他从贞观初年开始，就下令五品以上的官员，必须每夜都在禁中的中书省轮流值班，以备随时召见。每次召见他们的时候，唐太宗都与他们面对面坐着，一起交谈，详细讨论天下的大事小事，力求了解百姓对朝廷政策的态度，了解政令的得失与教化的成败。唐太宗认为，天下广大，为了避免个人主观局限性，必要与百司一起商量，再由宰相筹划，这样才能使政策得到执行。为了消除“独断一人”对政事带来的危害，唐太宗极力主张群臣献策献计，集思广益，务求政策对百姓有益而无害。

对于臣下的谏议，唐太宗每在独自静坐的时候，便暗暗反省自己，唯恐对上不合天意，对下为百姓所怨恨。作为一个君王，有如此反省自己错误的心胸和气魄，的确是很难得的。贞观元年，太宗下令官员凡假造官阶和阅历的，不主动交代就要处以死刑。后来，果然查出有造假的人，唐太宗判了他们死刑。大理少卿戴胄认为依照唐律，这些造假之人不应判处死刑，极力反对皇帝一生气就杀人的做法，唐太宗听从了他的劝谏，赦免了这些人的死罪。贞观三年，唐太宗下诏关中免两年租税，关东免一年的租税，但是没过多久，他就改变了主意。魏徵知道后，批评他言而无信，唐太宗虚心接受了魏徵的批评。贞观五年，唐太宗轻信谗言，杀害了大理丞张蕴古，事后，房玄龄澄清了事实，唐太宗十分后悔，随后颁下诏令说道：“从今天开始，凡是判处死罪，即使是斩立决，也要审核三次后再执行。”后来，唐太宗想去封禅泰山，魏徵屡次劝说太宗：“现在百姓生活还不十分殷实，仓廪还没有充实，国力还比较弱，您在这个时候祭告天地，以为帝王功业已经实现了，这是十分不妥的。”唐太宗随即打消了封禅的念头。

为了保证谏议工作的顺利开展，唐太宗从制度上又实施了一系列措施。首先，强化三省职能。唐初中书省、尚书省的部分官员，常常办事拖沓慵懒，并没有就决策正确与否提出过意见，仅仅充当了诏令的收发员的角色。为此，唐太宗颁下诏书，要求大臣们敢于讲真话，可以驳回不适当的政令。其次，重视谏官作用。贞观元年，唐太宗诏令：“今后凡是宰相进内廷商议国事的时候，必须安排谏官跟着一起来，让他们了解政事。谏官发表的意见，一定要虚心听取采纳。唐太宗让谏官听政，就是为了能够听取朝中不同的声音，为自己的朝政决策提供参考依据。此外，唐太宗还将杰出的谏官提拔到重要的岗位上来。比如贞观时期的魏徵、王珪、褚遂良、马周等都是因为敢于直谏而后被委以重任的。

“大树将军”冯异

老子说：“生而不有，为而不恃，长而不宰，是为玄德。”生养抚育了万物却并不据为己有，为世间立下了卓越功勋但并不自恃有功，滋养了万物但并不居于主宰地位，这就是最高深的“德”。“大树将军”冯异的故事就很好地说明了这个道理。

冯异是东汉初年“云台二十八将”之一。他为人谦虚退让，遇事隐忍，虽然功勋卓著却从不居功自傲。他每在路中遇到诸将，不论官职高低、冯异受封为“云台二十八将”之一。

刘秀带领众将军行军打仗时，每次战斗结束后，将领们总是坐在一起，高谈阔论，论功谈赏。而冯异则常常独自避坐于大树之下，静静地思考着战斗的经验得失，久而久之，将士们知道他淡泊名利的特点，便戏称他为“大树将军”了。

据史料记载，冯异素好读书，精通《左氏春秋》、《孙子兵法》。王莽新朝末年，天下大乱，群雄并起。反莽武装共同拥戴西汉皇族刘玄为帝，建元更始，即更始帝。冯异此时正以郡掾的身份替王莽监管五县，与父城县的长官苗萌共守县城。

刘秀奉更始帝之命率兵攻打父城，遭遇冯异与苗萌的顽强抵抗，只得退守巾车。冯异乘着间隙到所管辖的属县巡察，被刘秀军队抓获。当时冯异的堂兄冯孝以及同乡人丁綝、吕晏都跟随着刘秀，于是一起举荐冯异，刘秀就召见了冯异。冯异见到刘秀，说道："以我冯异一人的微薄之力，不足以影响您的强弱。我的老母尚在父城之中，请允许我回去据守五个城邑，立功来报答您的恩德。"刘秀同意了。冯异回去后，对苗萌说："当今众将领都是行伍出身，大多暴虐专横，只有刘将军所到之处不抢掠。我看他的言谈举止，并非庸俗之人，可以归附他。"苗萌说："我与您生死与共，一切都听从您的安排。"

当时，更始帝麾下众将中，冯异向刘秀表示愿意归附，并请求用立功来报答恩德。

刘秀并不特别突出，但冯异一见刘秀，便认定刘秀"非庸人也，可以归身"，目光独具，看人极准。冯异归顺刘秀后，刘秀任命冯异为主簿，于是拉开了君臣际会共创大业的帷幕。

冯异和刘秀之间还有过共患难的故事。更始元年十二月，王郎聚众起事，在邯郸称帝。蓟中各地，纷纷响应。刘秀率部向南疾进。当时形势危急，刘秀昼夜不敢入城邑，吃住都在道旁。到达河北饶阳无蒌亭时，天气寒冷，北风凛冽，大家舟车劳顿，非常疲倦。冯异从附近村子里讨来了豆粥，送给刘秀。第二天一早，刘秀对将领们说："昨天得到冯异送来的豆粥，饥饿寒冷就都解除了。"

刘秀对冯异深信不疑。冯异在关中三年，威望日著，于是有人上书刘秀，说冯异在关中权势过重，号称"咸阳王"，将不利于朝廷。而冯异本人也颇为不安，提出要留妻子于洛阳，但刘秀对这些流言毫不在心，还特意派人将奏疏送给冯异看，并下诏安慰冯异说："将军之于国家，义为君臣，恩犹父子。何嫌何疑，而有惧意？"表示出对冯异的极大信任。建武六年正月，冯异入京朝见刘秀。刘秀数次宴请冯异，并指着他向满朝公卿大臣说："这便是我起兵时的主簿，曾为我在创业的道路上披荆斩棘，扫除重重障碍，又为我平定了关中之地！"

冯异治军严明，谋定后动，赏罚有度，政治眼光与战术素养均高出"云台二十八将"中的其余诸将一筹。他为人谦逊，从不居功自傲。军中很多下级军官都愿意为"大树将军"效劳。

建武十年夏，冯异病逝在军营中，谥节侯。冯异英年早逝，使刘秀失去了一位独当一面、智勇双全的大将，令人惋惜。五百年后，著名文学家庾信还叹息道：“将军一去，大树飘零。”

冯异出身儒生，而通晓《孙子兵法》，既有文才，也长于武略，不仅战功卓著，治理郡政也很有成绩。他作战勇敢，常为先驱，善用谋略，料敌决胜。同时，他为人谦退，不居功自傲，实在难能可贵，诚为一代良将。

态度谦卑的刘邦

“无之为用”实际是种以退为进的智慧。鸿门宴上，刘邦便是凭借这一智慧从杀气腾腾的项羽手上逃脱。

刘邦曾和项羽在楚怀王面前约定：“先入关中者为王。公元前206年，刘邦率领义军进入关中，秦王子婴向刘邦投降。刘邦与秦民约法三章，并派人驻守函谷关。当时，项羽刚刚取得巨鹿之战的胜利，歼灭了秦军的主力，向关中进攻。项羽到达函谷关后，得知刘邦已经攻陷关中，十分生气，于是命令英布攻占函谷关，与刘邦驻扎于霸上的大军相对峙。

刘邦得知项羽的意图后，非常担忧，忙向谋士张良请教。张良问刘邦：“大王您估计一下，您的军队能够抵挡项王吗？”刘邦沉默了一会儿，说：“当然不能啊。”张良便建议刘邦向项羽说明自己并不敢背叛项羽，刘邦答应了。

刘邦通过项伯将自己的意思转达给项羽。项伯是项羽的叔父，和张良交情甚笃。刘邦不但亲自接见了项伯，还和项伯约定结成儿女亲家，他对项伯说：“我进入关中，一点东西都不敢据为己有，登记了官吏、百姓的名字，封闭了仓库，等待将军（项羽）的到来。我之所以派遣将领把守函谷关，是为了防备盗贼进来以及发生意外的变故。我日夜盼望将军到来，怎么敢反叛呢？希望您告诉项王我刘邦不敢背叛他。”项伯连夜回到项羽军营，把刘邦的话告诉给项羽，并劝项羽不要攻打

刘邦当然想据关中为王，但以当时的情况看，相比于和项羽展开对决，向项羽示弱更加明智，至少可以确保自己的安全，保存实力，待坐大之后再与项羽一争雌雄。毕竟，刘邦的目标是统一天下，而非仅仅取得一个关中。

第二天，刘邦一大早就带着一百多骑来见项羽，在鸿门亲自向项羽请罪。项羽留刘邦喝酒，刘邦不敢推辞。席上，项羽东向而坐，刘邦则北向而坐。东为尊，北卑于东，刘邦特意坐在卑微的位置上，以示对项羽的服从。而项羽也对此心领神会，因此当他的谋士范增暗示他杀掉刘邦时，他假装没看见。范增只好招来项庄，让他借舞剑刺杀刘邦。项伯看在眼里，心下焦急，便也拔剑起舞，护住刘邦，致使项庄无法找到行刺的机会。张良忙到军门处找来刘邦的侍卫樊哙，命他保护刘邦。

片刻之后，刘邦借上厕所之机，与樊哙一起商量对策。

项羽见刘邦久久不回，便要都尉陈平来催。刘邦深知席上杀气腾腾，不想返回，但一想到出来时没有告辞，不大妥当，就犹豫是不是要走。这时，樊哙说话了："干大事不拘小节，行大礼不避小的责备。现在人家是屠刀和砧板，我们是鱼肉，干吗告辞！"刘邦听了，不再犹豫，忙离开这是非之地，留下张良向项羽致谢。

张良回到席上，告诉项羽，由于担心遭到项羽的责备，刘邦已经先行离开。说罢，还献上一份玉斗作为谢礼。项羽听后，并未发怒，还收下了玉斗放在了位子上。

一场杀身大祸就这样被刘邦躲过了。很多时候，"无之为用"都体现在"放弃"上——放弃已经拥有的东西，以便能拥有更好更多的东西。以刘邦为例，他据关中，流露出称王的意图，结果险遭不测。而他放弃关中，向项羽示弱，不仅化解了项羽的戾气，保全了自己，还为聚集实力后发制人奠定了基础。放弃了关中的刘邦最终得到了整个天下。

陈平赤身脱险

陈平，阳武（今河南原阳东南）人，是西汉的开国重臣之一，曾在汉惠帝和汉文帝时受封丞相，在建立汉朝和保卫汉朝的过程中立下了汗马功劳。

秦朝末年，农民起义进行得如火如荼，陈平也投身到改朝换代的潮流之中。他最早投奔的是魏王咎，后来因为遭受谗害而转投于项羽的帐下。陈平是一个颇富才华的人，少年时代也是饱读经籍，但在项羽的手下却长期没有受到重视，很不得志。

公元前206年，刘邦率军攻入秦朝的都城咸阳，但是当时权势最大的仍是项羽，刘邦虽然攻破了咸阳，却不敢自居为王，为了表示卑下而掩藏自己的野心，他亲自到项羽的营中谢罪。刘邦与项羽的这次会见在历史上被称作“鸿门宴”，就是在这场宴会上，陈平第一次见到了刘邦，他敏感地发觉到刘邦是一个可成就大事的人物，而项羽之徒则不足与谋，于是心中暗暗生起了叛楚归汉之意。

不久之后，刘邦被项羽困在咸阳，难以脱身，当此一筹莫展之际，张良决定铤而走险，去找陈平进行秘密会晤，以寻求帮助。

令张良未曾想到的是，陈平与他一见如故，大有惺惺相惜之感，十分爽快地答应帮助刘邦脱难。于是，陈平去求见项羽，向项羽进言道："现在天下刚刚安定下来，社会生产还没有恢复，必须节约用度才是，而现在各路诸侯齐聚咸阳，每日军饷耗费巨大，莫如遣散各路诸侯赶紧回国，各守一方，如此，就不必再为此担忧了。"项羽觉得陈平言之有理，于是立即下令："天下诸侯，路远者给十天的期限，路近者给五天的期限，在限期内速速作好回国的准备。"但是在命令中项羽又附加了一条，唯独刘邦要留在咸阳，以陪王伴驾。

项羽不放刘邦回汉中，这在陈平的意料之中，于是陈平授意张良，采取了一个声东击西的策略，令刘邦上书项羽，请求回老家沛县省亲。项羽对此犹疑不决之时，张良献言，说刘邦若回沛县，恐怕就在那里落足生根了，莫不如放他回汉中，然后再去沛县取他的家眷做人质，这样，刘邦就不敢乱来了。陈平又说："刘邦既已受封汉王，如果不放他回汉中，恐怕不能服天下人之心，以为大王言而无信，不如就依张良所说，放刘邦归汉中，再扣留他的家眷作为人质。这样既可以保全信用，又可以约束刘邦，岂非两全其美？"项羽遂同意放刘邦回汉中，刘邦乃得脱身。

再说陈平，虽然已生起了归汉之心，但毕竟还欠缺一个得宜的时机，并且那时楚汉之争还没有正式展开，项羽和刘邦还并非彼此敌对。然而不久之后，刘邦和项羽之间的对立就公开化了，此时，又发生了一个意外事件，就是项羽手下的司马卯归降了刘邦。项羽因此迁怒于陈平，陈平也心生惶恐，如若继续留在项羽帐下，不仅难以见用，反而容易招惹杀身之祸。更为重要的是，他已完全看清了项羽乃一介莽夫的真面目，遂决心去找在刘邦营中谋事的好友魏无知。

傍晚时分，陈平偷偷来到了黄河岸边，请船夫送他过河。船行驶到河当中的时候，从船舱里又出来一个船夫，两个船夫对陈平打量了一番，然后又彼此交换了一下眼色。看见这一情形，陈平觉察到这两个船夫并非善类，而且有意加害于他。陈平知道，他们之所以生出歹心，乃是怀疑自己身上带了贵重的财物，从而欲谋财害命，可是自己身上恰恰没有带什么钱财。想到这里，陈平就将衣服脱了下来，并且动作很明显地将衣服摔到船上，将腰间也清理得很干净，以表示衣服里并没有藏着什么值钱的东西。那两个船夫亲眼见到陈平身上并没有带什么财物，也就收起了谋害他的念头，只管将陈平送过河便了。在一般的情况下，钱财总是对人有益处的，可以给人带来很多方便，然而在某些特殊时候，过多的钱财反而会给自己带来害处，陈平在遭遇歹徒之时，正是机智地示之以“无”，才化解了一场凶险。这就是“无”的利处。

渡过黄河之后，陈平顺利地抵达了汉营，经魏无知的引介，拜见了刘邦，两人相谈甚为投机，陈平很快成为刘邦集团中的一个重要谋臣，英雄终于寻得了用武之地。

廉正无私的于成龙

老子指出了贪图享乐的害处，并要求人们返璞归真，追求宁静恬淡的生活，强调个人的心性修养。于成龙廉洁无私的事迹，就充分体现了老子的这一思想。

于成龙，字北溟，号于山，山西永宁（今离石）人，官职从知县一路攀升，在二十余年的宦海生涯中，三次被举“卓异”，以卓著的政绩和廉洁奉公的品质，深得百姓爱戴和康熙帝赞誉，被称为“天下廉吏第一”。

清顺治十八年，于成龙到广西罗城担任知县。他为官清廉，不久升任合州知州、直隶巡抚、江南总督等职。

清代前期官员的俸禄极低，于成龙虽贵为封疆大吏，但每年的俸银不到十两，这对于那些挥金如土的大官僚来说，还不够一衣一餐之用，即使节俭使用，不搞排场，也只能勉强维持中下等的生活。但于成龙只靠俸禄生活，此外一钱不贪，因此，他的生活非常清苦。康熙二十年，康熙帝特地下诏，表彰于成龙的“廉明著闻”“一介不取”，并念其家计清贫，赏银一千两、马一匹，以示鼓励。

其实，于成龙除早年任罗城知县外，其余都是在富庶地区担任要职，要说想发财，真的很容易，但他十分清廉，为官多年从不带家属赴任，随身财物也仅是一个竹箱、两只锅、书籍文卷数十束，此外便身无长物了。

于成龙初任直隶巡抚，便立刻下令严禁各级官吏分贪火耗，并罢免了几个违反规定的州县官吏，震动了官场。直隶离北京较近，历来为朝廷所重视，八旗子弟势力较大。他们仗着特殊身份，常做一些为害地方、欺压百姓的事，于成龙对此做了很多工作。他编保甲，严连坐，锄豪强，还经常亲自或派人深入民间访察，凡有犯法者一律严惩不贷。他还注意民间疾苦，每有灾荒他都请求赈济，妥善安排。康熙帝称他为“天下第一清官”，并希望他能始终如一。

于成龙虽为官多年，却没能奉养母亲，这一直是个憾事。他在就任江南、江西总督之前，母亲去世，他回乡葬母，然后赴任。按照清代制度，沿途地方对他有接待之责，但他自雇一辆骡车，从不打扰地方，悄无声息地到达任所。他任江南、江西总督期间，革除积弊，安定地方，为了了解民风，他经常微服出访。为了提倡清廉，他告诫部下：“若一味爱钱，只恐子孙纵然会作文字，也决不会出人头地。更恐神鬼怒恨，生出瞎眼子孙，上长街唱莲花落，要看字也不能够了。莫笑老夫迂谈。”江南风俗多尚侈丽，于成龙却常身穿布衣。见长官如此，一些官吏也不得不有所收敛。

于成龙年事已高，但俭朴如初，他每餐均是粗茶淡饭，常年以青菜佐餐，很少吃鱼肉，所以江南人民善意地给他起了个绰号——“于青菜”。

康熙二十三年，于成龙卒于任上，终年六十八岁。于成龙死后，属下将军、都统和僚属收拾其遗物，只在一个竹箱里发现几件衣服，案头摆着一些饮食器皿，几罐盐豉。于成龙去世的消息传出，百姓罢市聚哭，家家绘像祭祀。康熙帝赐谥“清端”，高度概括了于成龙俭朴廉洁的一生。

作为封疆大吏的于成龙，按理说，完全可以过上一种悠闲富足的生活，而且不必通过贪污方式，就能名正言顺地达到自己的目的。但于成龙固守清贫，他追求的是精神层面的感觉，也就是老子所说的“为腹不为目”的不俗境界。

齐庄公因贪色而被杀

被物欲控制的人不只得不到心灵的自由，还很容易深陷祸患。春秋时期，齐庄公及其大臣崔杼因贪恋美色误入歧途，最后一个死于非命，一个背上了弑君骂名。

崔杼本为齐庄公的重臣，颇得庄公信任。他有一个美丽的妻子，名叫棠姜，原是齐国棠邑（今山东平度市东南）大夫棠公的妻子。棠公病死后，崔杼在吊唁棠公时，见到了棠姜，为她的美貌所折服，打算将她娶回家。崔杼的家臣东郭偃很反对这样做，理由是崔杼和棠姜都是桓公的后代，都姓姜，自古男女同姓不宜通婚。但崔杼并没有听东郭偃的话，齐庄公贪恋棠姜美色，最后与她私通。

崔杼不知道贪恋棠姜美貌的并非只有他一人。一次，崔杼请齐庄公到家里饮酒，不想庄公竟为棠姜深深着迷，还出重金贿赂东郭偃让其帮自己和棠姜通奸。

齐庄公就这样和棠姜私通了，但是事情很快被崔杼发现了。崔杼非常愤怒。当初是他帮庄公登上了王位，而现在庄公却占有了他的妻子。崔杼顿时萌生了杀死齐庄公的念头。

一天，崔杼听说齐庄公的侍者贾举因一点小错遭到齐庄公的毒打，遂对齐庄公怀恨在心，便想方设法接近贾举，并通过贾举掌握了齐庄公在宫中的情况。公元前550年五月，莒国国君朝见齐庄公，齐庄公在都城临淄设宴款待他，并让齐国的大夫在旁坐陪。崔杼推说有病，没有出席。宴会结束后，齐庄公又想到崔杼家里和棠姜幽会，便派人打探崔杼的病情。崔杼料到齐庄公会这样，就假装病得很重。齐庄公果然中计，只带了少量随从前往崔杼家。

棠姜如往常一样将齐庄公引入内室，然后借口出门，将齐庄公反锁到了房间里。庄公在内室中等待棠姜，等了很久都不见她回来，这才反应过来自己中了圈套，懊悔不已。就在这时，崔杼的家丁冲了进来，将齐庄公围住。齐庄公赶忙求饶，家丁们却说："你的臣子崔杼得了重病，不能出面亲自听你的命令。我们只知道奉命捉拿淫贼，不知道还有其他的命令！"

齐庄公见大事不好，跳窗逃跑，他登上花台，打算翻墙而出。崔杼的家丁拿起弓箭，瞄准他就射，齐庄公的大腿上中了一箭，从墙上跌落下来。家丁们一拥而上，将齐庄公活活砍死。而崔杼虽然杀死了齐庄公，泄掉了心头之愤，却也不免被说成是乱臣贼子。尽管他一再向史官施压，禁止他们将自己弑君的事情写到史书里，史官就是不听。崔杼最终只能无奈地长叹一声，说道：“我是为了保全国家社稷，没办法才担起了这份罪名，后人是会理解我的啊。”

若齐庄公和崔杼能够做到“去彼取此”，抵住美色的诱惑，也不会落得如此结局。

咸丰帝纵欲而亡

老子强调贵身，即只求生活的安适恬静，而不追求声色娱乐，这样的人才不可能因为荣辱毁誉而使自身受到损害，因而才可以担当天下的大任。清代的咸丰皇帝，纵情酒色，与老子“宠辱不惊”的思想背道而驰，最终也落得个暴毙的下场。

清代帝王大多勤于政事，即便是没有很大作为的，也能够自律，咸丰初登帝位时，踌躇满志，渴望有番作为。

而咸丰皇帝属清帝中的另类。咸丰一朝内忧外患严重，清朝早已是残垣破壁，咸丰帝却没有选择力挽狂澜，而是置国家臣民于不顾，一味逃避现实，终日沉湎于声色犬马之中，浑浑噩噩地结束了自己三十一岁的生命。

咸丰即位时，爆发了规模浩大的太平天国起义。接踵而来的又有英法联军入侵中国的战争。

1861年，咸丰逃往热河承德避难，并死在承德。咸丰在位十一年，“大局糜烂，不可收拾”，他往往在夜里彷徨，一筹莫展，于是纵情声色，临死前两天还传谕“如意洲花唱照旧”。

志高才疏的咸丰帝，不顾江山社稷，视黎民百姓为草芥，那么其父道光为什么敢把天下托付给他呢？其实另有缘由。道光生有九子，到了晚年，前三个儿子都已先他而去，而后面的儿子还小，五阿哥又过继给了别人，所以能够成为储君的只有四阿哥和六阿哥。六阿哥的才能远在四阿哥之上，事实上道光亦最钟爱六阿哥这个儿子。但大位终归于四阿哥，这其实都是的老师杜受田一手导演的结果。《清史稿·杜受田传》载："文宗自六岁入学，受田朝夕纳诲，必以正道，历十余年。至宣宗晚年，以文宗长且贤，欲传大业，犹未决；会校猎南苑，诸皇子皆从，恭亲王获禽最多，文宗未发一矢，问之，对曰：'时方春，鸟兽孳育，不忍伤生以干天和。'宣宗大悦曰：'此真帝者之言！'立储遂密定。"其实，四阿哥对道光所说的这段话，就是其师傅杜受田传授的，道光见四阿哥仁慈，认为其可以治理好江山，遂把天下交托给他。

应当说，初登帝位的咸丰也曾壮怀激烈、踌躇满志，也想励精图治、重整河山，但因当时腐朽不堪的清政府早已摇摇欲坠，志高才疏的咸丰帝面对艰难的时局，确实有回天乏力之感，在心灰意冷之下，开始纵情声色，以麻痹神经，结果加速了大清帝国的崩溃，也让自己很快走完了短暂的一生。

其实，清代帝王的平均寿命为五十二岁，在历代帝王平均寿命排行榜上独占鳌头，除了社会发展，人类进步等因素之外，最为重要的原因是，清代帝王大多数重视养生之道，勤于锻炼身体，保持了骑射民族的光荣传统。清帝中寿命较短的几位，如顺治帝活到二十四岁，但是他最终是死还是出家一直存在争议；而光绪帝活到三十八岁，他与慈禧太后死亡时间相差仅一天，这里面也存在不可告人的秘密；另外一位年仅十九岁就死亡的清帝是咸丰帝唯一的儿子同治帝，同治帝继承了父亲好色的基因，在花街柳巷染恶疾暴亡。

咸丰帝素有咯血顽疾，但根据御医的建议，此病可以鹿血调治。当时京城为此饲养了一百多头鹿，供咸丰帝咯血发作时急用，咯血虽然得到了一定的缓解，但是由于他嗜酒如命，又纵情声色，哪里还有时间去过问朝政？

咸丰帝十分宠爱一个妃子，这个妃子名叫叶赫那拉玉兰，她就是日后搅得爱新觉罗家族不得安宁的慈禧太后。除了“兰妹妹”之外，其他有名有姓的后妃多达十五位，咸丰帝仍不满足，在位期间数次在满蒙贵族中选秀女入宫。除此之外，他还打破祖制，扩大范围选汉族人家秀女进京。其中比较得宠的是“牡丹春”“杏花春”“武林春”“海棠春”四人，时人谓之“四春娘娘”。

史书记载，清初的几代皇帝都严禁贩卖烟草及鸦片，到了咸丰父亲道光帝时期更为严格，可是咸丰帝不但不禁止鸦片，还带头吸食。吸食鸦片后的咸丰帝常常处于亢奋状态，开始无节制地纵欲淫乐。

《清代名人轶事》中记载：“有一次，咸丰帝在圆明园召见大臣丁宝桢。丁宝桢由于来得太早，就被太监引入了一个小房间等待。丁宝桢等了很久也不见太监来叫，就起身四处转转，当他发现一个小茶几上摆放了一碟儿貌似“蒲桃”的“新鲜水果”，忍不住抓起几颗放进嘴里。时间不长。丁宝桢的下体发生了生理反应，当时正值夏五月，单薄的纱衣让丁宝桢越发难堪。丁宝桢此时吓得要死，只好装急性腹痛发作，佝偻着身体仓皇逃出。

这样的轶事不见得属于真实的历史，但换一个角度来看，咸丰帝吃春药也未必是空穴来风。咸丰帝不仅好酒色，还喜欢自己配药治病。根据一位宫廷御医的后代回忆：“咸丰帝在热河逃难时，惊惧交加，本就糟糕的身体一下子跨下来。本来有一些随行御医不乏医术高超者，但是咸丰帝历来有病都喜欢自己配药，他命令御医配什么药，御医只能遵从。使用自己配制的方子，咸丰帝的身体只能是每况愈下。由于紧张，咸丰帝经常失眠，稍稍睡着马上因噩梦而惊醒，于是他只能靠纵酒来摆脱。

咸丰帝每饮必醉，醉了就要酒疯，打骂太监，体罚宫女；醒酒后不免自责，自责过后又喝醉，醉了再度大闹。此时的咸丰帝已经酒精中毒很严重了，他预感到自己将不久于人世，于是急令御医煎制了三碗药汤，一口气喝光后便气绝身亡了。

郭橐驼的种树之道

道是虚无缥缈的，“无形不状，无物不象”。但是，道都有其自身变化的规律，掌握了其规律，便掌握了事物的根本。我们从老子的阐述中可以扩展为：“任何事只要掌握其规律，认识其本质，问题就会迎刃而解。”

唐朝时，有一个人名叫郭橐驼。为什么会叫“橐驼”这么奇怪的名字呢？原来，这个人患有伛偻病，整天驼着背，脸朝着地行走，就像骆驼一样，而人们也不知道他原本叫什么名字，所以乡里人便直呼他作“橐驼”。郭橐驼听到人们这样喊他，并没有觉得人们在嘲笑他，而且心里还很坦然，他说道：“这个名字很不错啊，就用他称呼我吧，我觉得很恰当。”因此，他竟然放弃了原来的名字，也自称起“橐驼”来。

郭橐驼的家乡叫丰乐乡，在长安城的西边。郭橐驼没有其他的技能，只以种树为生，而且还很出名。凡是长安城里那些栽种树木以供玩赏的豪富人家，以及那些种植果树靠卖水果为生的人，都争着把他接到家里去供养。平日里看那橐驼所种的树，即使是移植的，也没有不成活的，而且长得高大茂盛，果实往往结得又早又多。长安城里还有其他的种树人，这些种树人虽然暗中观察模仿，也没有谁能比得上郭橐驼的。有人见郭橐驼的树种得很好，便去问他其中的奥秘。郭橐驼只淡淡地笑了一下，然后回答说："橐驼并不能使树种树之道，在于顺其自然。木活得长久和旺盛繁殖，只是能顺应树木的天性，让它按照自己的本性生长罢了。"来人听后，颇觉奇怪，便问道："树木的本性是什么呢？"郭橐驼说道："树木的本性，需要根得以舒展，它需要培土均匀，它喜欢已经习惯了的土壤，四周的土要捣结实。这样做了之后，就不要再去动它，也不必去为它操心，种好后可以连头也不回地离开。栽种时要像抚育子女一样细心，种完后要像把它丢弃了一样不再照看。这样它的天性才能得以保全，它也会按照自己的本性健康成长。所以我只不过是不妨害它生长罢了，并不是能使它长得高大茂盛；只不过是不抑制延缓它果实的生长罢了，并不是能使它的果实结得又早又多。"

听到这里，来人频频点头，不偏离本性，树木才能茁壮成长。认为郭橐驼的话很有道理。郭橐驼又接着说道："别的种树人就不是这样，他们种树时没有让树根得以伸展，又让它离开了已经习惯了的土壤。他们培土，不是土多了就是土不够。如果有能不同于这样种植的，则又爱护得过分，总是想着它，早晨去看看，晚上去摸摸，离开之后又跑来看一下。更有甚者竟然抓破树皮来验查它是死是活，摇动根株来观察栽得是松是紧；这样的话，树木就会一天天地偏离它生长的本性了。这些人虽说是爱它，其实是害它；虽说是担心它，其实是与它为敌。所以他们种树治国犹如植树，不可过多颁布法令，要无为而治。都比不上我，其实我又有什么特殊能耐呢？”

来的人又说道：“如果把你种树的道理，转用到做官治理百姓上，可以吗？”

橐驼听后，谦虚地说道：“我只知道种树而已，做官治理百姓不是我的职业。”

来的人知道他有意不说，便也不答话。郭橐驼见他没有走的意思，便继续说道：“但是我住在乡里的时候，看见那些当官的喜好颁布繁多琐碎的命令，好像很怜惜老百姓，结果却给百姓们带来灾祸。早晚都有差役跑来大喊：‘长官命令，催促你们耕地，鼓励你们种植，督促你们收割，早些缫你们的丝，早些织你们的布，抚养好你们的小孩，喂大你们的鸡和猪。’时不时地敲起鼓将大家聚到一起，打着梆子将大家招来。我们这些小老百姓，就算晚饭和早饭都不吃而去招待那些差役都忙不过来，又怎能使我们人丁兴旺，生活安定呢？所以我们是如此贫困而且疲惫。这些与我所从事的职业有一些相似之处吧？”

来的人听完大喜，于是说道：“这不是很好吗！我问种树，却得到了治理百姓的方法。”于是，他把这件事记载下来，作为官吏们的鉴戒。

这位与郭橐驼对话的人，正是唐朝著名的诗人和政治家柳宗元。柳宗元听郭橐驼讲树木的天性，很自然地联系到治国之道，便故意引导郭橐驼说出了治国的道理。从郭橐驼的话里，我们可以知道，无为而治，不对百姓实行严苛的政令，这才能使百姓生活安定，社会长治久安。

"一鸣惊人"的齐威王

公元前357年，齐桓公田午去世。嫡长子田因齐承袭君位，他就是历史上有名的齐威王。齐威王即位后，整日饮酒作乐、醉生梦死，三年之间，竟然完全不理朝政，只知道沉溺于莺歌燕舞之中，国中许多大臣见到这种情况，便纷纷放弃职责而争权夺利，大肆贪污索贿。

可是，三年后的冬天，威王突然召集大臣聚会，以前所未有的威严和雷霆万钧之势，当场下令处死一些大臣，朝廷为之哗然。从此，所有大臣都严于约束自己，秉公办事，齐国逐渐成为东方的强国。齐威王为何龙颜大怒，且前后判若两人呢？原来战国时代，群雄争霸，各个国家之间无时无刻不在想方设法打击其他国家，战火也是此起彼伏，每个国家都想寻找时机争霸称雄。

战国时代，一个国家要想争霸，就得依赖人才，所谓"千军易得，一将难求"，国家拥有一批精干、敬业的文臣武将，就能迅速增强国力，提高军事战斗力。譬如，魏国通过重用吴起，成为战国中期的强国；李悝在楚国改革，使楚国国力大增；秦国也依靠商鞅变法，实现了国富兵强。

从齐国国内形势看，齐桓公田午在世时，手下也聚集了一批能臣猛将，他们在政治、军事上均有不凡的表现，不过朝中也有一批野心家，只是他们没有显露出来，年轻的齐威王又难以辨识忠奸，所以制定了一个蛰伏观察、蓄势待发的方略，以分辨忠奸。于是，齐威王故意放弃处理朝政，静观群臣的反应。并用拒绝群臣劝谏的过激手段，来考验是否有忠心不怕死的大臣。此外，齐威王又建立情报系统，秘密调查群臣的各类活动情况。这时，聪明过人的稷下先生淳于髡，看到国内秩序混乱，再也等不下去了，设法去见威王，说要给威王解闷逗乐。他对威王说："我们国家有一只大鸟，三年来不飞也不鸣，这是只什么鸟？它为何不飞不鸣？"

聪明的威王一听就明白了，于是他也隐晦地回答说："此鸟我知，就在眼前，不飞则已，一飞冲天；不鸣则已，一鸣惊人。"以此来告诉淳于髡，自己目前只是蛰伏，迟早会一飞冲天的，一定会干一番轰轰烈烈的大事，让天下的人都像仰望天上飞翔的大鸟一样，惊叹自己的宏伟功业。淳于髡心中甚喜，就告退出朝，并以焦急的心情天天等待着威王的实际行动。但是，淳于髡等了一段时间，仍不见威王有动静，所以决定再次试探威王。

有一天，齐威王又召淳于髡进宫喝酒。淳于髡趁机说：“酒喝得太多了，就没了礼法，闹出乱子，兴奋到了极点，就会乐极生悲。不仅喝酒是这样，世间万事万物无不如此，月盈则虚，日中则移，过了限度盛会变衰，好会变坏，而没了秩序则会产生混乱。”

齐威王自然听出了淳于髡的“弦外之音”，知道他这是在指责自己长夜之饮，乱了朝廷法度，扰乱了治国的秩序。其时，齐威王已经把朝臣的情况了解得差不多了，正打算采取行动。他听到淳于髡的进言，立即下令斩杀了一批弄虚作假的臣子，树立了自己的深沉、稳重、雷厉风行的形象，慑服了群臣。与此同时，齐威王还任命邹忌、淳于髡等担任要职，使齐国国力迅速增强，并最终成为威震四方的霸主，齐威王也因此给后世留下了“不鸣则已，一鸣惊人”典故。

如果齐威王在即位之初，就大刀阔斧整顿朝纲，不仅会遭遇巨大阻力，难以达到预期目的，而且还有可能功亏一篑，甚至折戟沉沙。可聪明的齐威王并没有急于求成，而是以忍耐的心态蛰伏起来，终于在各方条件具备的时候，以前所未有的姿态雷厉风行，从而使齐国迅速强盛起来。

在老子的描述下，我们可以清楚地看到那些得“道”的先贤们，在举手投足之间，无不体道的特质。他们深知道之严谨，所以凡事三思而行、诚惶诚恐、谨小慎微；他们深晓道的深远，所以心怀敬畏，从不妄自菲薄，而是藏锋不露、蓄势待发。

急功近利的崇祯帝

在老子看来，万物的本原是“虚静”，无论它们怎样变化发展，都脱离不了各自的本原。所以，治国不妨以“守静”为贵，给人和事以宽松的发展空间，尊重它们，包容它们，不要对它们做过多的干涉。否则，即使出发点是好的，也不会有好的结果。明朝的末世之君崇祯就因不知守静之贵，犯了一连串的不可饶恕的错误。

崇祯于1627年登临皇位，当时的明朝内忧外患，岌岌可危。怀着振兴国家的雄心，崇祯一即位便着手革弊除患。他花了两个多月的时间剪除了魏忠贤的阉党集团，又为前朝遭到迫害的忠臣翻案，提拔能干有谋的良将袁崇焕为兵部尚书，并让他总督辽蓟抗拒后金。他的这些措施让人们看到了复兴大明的希望，崇祯本人也被誉为“英容中兴之君”。然而，好景不长，这种局势并没有持续多久。

明朝积患已深，再英明的举措一时半会儿都难以见到明显成效，而崇祯又十分急躁。一段时间过去，见事情没有想象中那样顺利，他沉不住气了，动辄便将责任推到大臣的身上。不止走马观灯一样频繁更换官员——在位十七年，内阁大学士就换了五十人，刑部尚书换了十七人——还常因一点小事就以重罪治人。比如，哪个城市沦陷，就杀掉哪个城市的守城将领；哪个地方沦陷，就杀掉哪个地方的长官，如官员徐兆麟到陕西华亭任知县不过七天就因华亭失守被治了死罪。而在被崇祯杀死的官员中，光总督就有七人——其中就包括袁崇焕。

崇祯强调唯才是举，而由于急功近利，心性浮躁，不能以虚静观物，他又经常被奸佞之徒的花言巧语蒙蔽，看不穿人、事的本质，一次次地误害忠臣。大将郑崇俭的死就是一个例子。郑崇俭在另一大将左良玉的配合下于玛瑙山大败张献忠的叛军，“获首功千三百三十有三，降贼将二十有五人，获骡马、甲杖无算”，但崇祯并未予其厚赏。张献忠的残部逃入四川后引发混乱，负责四川战事的杨嗣昌平叛不利，随口将罪责推到郑崇俭身上，怪郑崇俭撤兵太早。而崇祯竟信以为真。

第二年，张献忠攻破襄阳，杨嗣昌惧罪绝食而死，崇祯竟将没有丧失过一座城池也没有损失过一支部队的郑崇俭逮捕下狱，于同年五月将其杀害。

朝中很多大臣都为郑崇俭不平，却又敢怒不敢言。郑崇俭被杀的前一年，即1640年，就有大臣因保举同僚遭到崇祯的处罚。这年，才学兼备的江西巡抚解学龙向崇祯举荐曾因事被贬的黄道周。大学士魏炤乘因和黄道周有私怨，便上疏攻击解学龙胡乱荐人。崇祯不明就里，一时恼怒，将解学龙和黄道周押解京城，各打了八十大板，关入刑部大狱。有大臣看不惯，上疏解救二人，不料也被打了板子治了罪。到了后来，通政的官员看到有为解、黄说话的折子就压下来，以免更多大臣因此事受牵连。人君不知“守静”，便不能明察是非，势必造成冤案。而人君不知“致虚”，则难免徒有用贤之心而没有容贤之量，尤其面对国家大事，若不能保持心境的空明，就很容易为杂念所扰，做出错误的判断。譬如，崇祯即位之时，农民起义频繁爆发。为崇祯所重用的杨嗣昌屡次建议崇祯改“因粮”为“均输”之策，得到了崇祯的应允。而崇祯只看到该政策可以增加大明王朝的财政收入，却看不到它势必进一步激化官民矛盾。因粮与均输均为财政政策，二者的不同在于，因粮是富户多纳税，均输则加重了贫民的税赋负担。百姓起义本来就是因为不堪重负，生计艰难。

勤政而忧国忧民的崇祯最终没能挽救大明的江山，在1644年，李自成的起义军攻破北京城之际，于景山自杀，年仅35岁。临死之前，他满怀悲愤的写下了这样一句话：“朕凉德藐躬，上干天咎，然皆诸臣误朕。”而站在道家的视角，让人“上干天咎”的未必是“凉德藐躬”，而是不懂万物生长变化的规律，违背了道的法则，招致了灾祸。

张辽智除叛军

“夫物芸芸，各复归其根。”天地万物都是由道产生的，经过运动变化，最终又回归到它的本原。事物有着循环往复的变化，但是这种运动变化也必须遵循一定的规律，它的变化永远脱离不了自己的本原，也就是万变不离其宗。无论事物如何变化，只要我们掌握其本质，所有的问题都能顺利解决。

张辽，字文远，三国时期魏国大将。当初，曹操爱惜关羽的才能，曾经强留关羽在其帐下效命，在此期间，张辽与关羽结交下生死之交。在曹操进行兼并战争的时期，张辽一直为曹操镇守东南方，率领魏军对抗东吴，并上演过“八百破十万”的传奇故事。

有一次，曹操命令张辽在长社屯兵。张辽立刻准备率领军队前往长社驻扎。这时，魏军中有人谋反，半夜里在军营中放火作乱，全军的将士无不惶恐失措，一时军心大乱，眼看士兵就要四处溃散了。

这时，身为主帅的张辽并没有慌乱，他在细心听取了军士的汇报后，对身旁的文臣武将分析道：“大家不要惊惶，也不要轻举妄动，以免中了敌人的阴谋诡计。现在军营里的混乱，并不是全军的叛乱，就目前的情况来看，一定是有个别人肆意制造混乱，想趁机扰乱我军的军心。如果我们沉不住气，兵士们也一定会跟着慌乱。那样的话，整个军营就会陷入混乱不堪的局面，敌人必定乘虚而入，到时我们就没有葬身之地了！如果我们能够查明到底是谁在故意散布谣言或者指挥军士作乱，那么我们便可以找到真正主谋，敌人的阴谋诡计也会被我们识破了。到那个时候，纵然他想逃走，难道还有机会吗？”

大家听了，纷纷点头称赞，并把自己手下的士兵召集到张辽的中军帐下。等全体将士都到齐之后，张辽才不慌不忙地走到众人的面前，然后十分镇定地说道：“我知道大家是受到了敌人的蒙蔽，没有人想要作乱，临行之前，曹丞相为我们提供了足够的粮食和酒肉，我们的粮草充足，兵器也十分完好，一定可以定完成使命，不负丞相所托。现在有人想趁机制造混乱，他的阴谋是不会得逞的！不想造反的人，就安安静静地坐在军营中，千万不要乱动，否则就以叛乱罪论处！谁要是敢违抗我的命令，谁就是叛乱者或是与叛乱者有关系，被抓住后一律杀无赦！大家都回到自己的营帐中去吧！”随后，张辽率领手下的心腹将领和几十名亲兵卫士站在军阵中。士兵们一看局面稳定下来了，就都回到自己的营帐中，安心地坐下来准备待命。这时，制造混乱的首领则显得心慌意乱，他手下的兵士也吓得乱了神，有几个甚至还主动走出来承认错误，并揭发了谁是叛乱的首领。此时，张辽命令士兵将叛乱者带上来，然后重新召集全体将士，当着众人的面，把叛乱的首领杀掉了，这样一来，再也没有人敢煽动魏军的士卒叛乱了。这场叛乱过后，不但没有造成严重后果，反而军心越来越稳定，极大地提升了军队的战斗力。

尽管张辽是一介武将，但是深谙“以静制动”的道理，有人想借着混乱的时机进行叛乱，结果反而被张辽利用，不但没能叛乱成功，还丢掉了自己的性命。我们在处理问题的时候，也应该以静制动，冷眼旁观，等时机成熟了，再果断地采取行动，最后必然能取得成功。

烽火戏诸侯

老子说："如果君主信用不足，老百姓就不会相信他。"周幽王失信于诸侯而致西周灭亡的故事，就是这个道理的真实体现。

周宣王死后，其子姬宫涅继位，就是后来的周幽王。当时关中一带发生大地震，加之连年旱灾，百姓饥寒交迫、流离失所，社会动荡不安。而周幽王是个荒淫无道的昏君，他不思进取，重用佞臣虢石父，对内盘剥百姓，加剧了民生疾苦；对外攻伐西戎，严重虚耗了国力。大臣褒珦劝谏幽王，幽王非但不听，反而把他关押起来。

褒珦被关在监狱三年。褒国族人想尽一切办法想把他救出来。他们听说周幽王好色，就四处寻访美女。终于发现一个名叫褒姒的女子，他们就教她唱歌跳舞，将其献给幽王，替褒珦赎罪。幽王见了褒姒，非常喜爱，马上立她为妃，同时也把褒珦释放了。幽王自得褒姒以后，十分宠幸她，生活更加荒淫奢侈。褒姒虽然生得闭月羞花，却冷若冰霜，自进宫以来从来没有笑过一次，幽王为了博得美人一笑，想尽了一切办法，可是褒姒还是终日不笑。为此，幽王竟然悬赏求计，下令谁能博得褒姒一笑，赏金千两。这时佞臣虢石父替周幽王想了一个主意，提议点燃烽火台试一试。

西周为了防备犬戎的侵扰，在镐京附近的骊山一带修筑了二十多座烽火台。周幽王一听正中下怀，立刻采纳了虢石父的建议，马上带着褒姒，由虢石父陪同登上了骊山烽火台，命令守兵点燃烽火。一时间，狼烟四起，烽火冲天，各地诸侯一见警报，以为是犬戎打过来了，果然都带领本部兵马急速赶来救驾。到了骊山脚下，却发现连一个犬戎兵的影子也没有，只听到山上一阵阵奏乐和唱歌的声音，一看原来是周幽王和褒姒高坐台上饮酒作乐。

周幽王派人告诉各诸侯说："各位辛苦了，这里没有敌人，你们回去吧！"诸侯们方知被戏弄，遂心怀怨愤地离去了。褒姒见到这一情形，觉得十分好玩，于是大笑起来。周幽王大喜，立刻赏虢石父千金。

周幽王为进一步讨褒姒欢心，遂废黜王后申氏和太子宜臼，并册封褒姒为后，封褒姒生的儿子伯服为太子，还下令废去王后的父亲申侯的爵位，并准备出兵攻伐申侯。申侯得到这个消息，决定先发制人，于是联合缯侯及西北夷族犬戎之兵，于公元前771年进攻镐京。

周幽王听到犬戎进攻的消息，惊慌失措，急忙命令兵士在烽火台点燃烽火。可是诸侯以为这次还是戏弄他们，都不赶来救驾，周幽王叫苦不迭。镐京守兵本就怨恨周幽王昏庸，不满将领经常克扣粮饷，这时也都不愿效命，犬戎兵一到，他们就撤走了，犬戎兵马蜂拥入城，周幽王带着褒姒、伯服，仓皇从后门逃出，奔往骊山，后来为犬戎兵所杀。至此，西周宣告灭亡。

这时，诸侯们才知道犬戎真打进了镐京，于是立即联合起来，带着大队人马赶来救援。犬戎兵看到诸侯的大军到了，就把周朝宫室内的财物装起来，然后撤走了。

犬戎攻破镐京，杀死幽王之后，申侯、鲁侯、许文公等共立原来的太子姬宜臼为天子，宜臼于公元前770年在申（今河南省南阳市北）即位，是为周平王。因镐京已遭战争破坏，而周朝西边大多土地都被犬戎所占，周平王恐镐京难保，遂于当年在秦护送下迁都洛邑（今河南洛阳），在郑、晋辅助下立国。东迁后的周朝，史称东周。

岳飞一生坚持抗金

老子说，当国家陷于混乱的时候，需要忠臣良将的辅佐。即便忠臣良将受到多大的不公，这一信念也不会消失。岳飞抗金的事迹，即充分说明了这一点。

岳飞，字鹏举，相州人，南宋“中兴四将”之一。岳飞是中国历史上著名的民族英雄，他一生致力于抗金大业，曾多次率兵北伐，他麾下的军队因战斗力强悍而被称为“岳家军”，而金人也感叹“撼山易，撼岳家军难”，这是对岳家军的最高褒扬。然而，就是这样一位忠臣良将，最终却因“莫须有”的罪名而惨遭杀害。

1127年，金国南下灭亡北宋，宋徽宗、钦宗及宗室、大臣、妃嫔等数千人被掳走，史称“靖康之难”。北宋灭亡后，宋室南迁，康王赵构在应天即帝位，不久以临安为都，恢复宋国号，史称南宋，赵构就是宋高宗。

南宋建立之初，北面的金兵虎视眈眈，随时有南下颠覆新政权的可能。同时，宋朝的溃兵败将及义军各据一方，极大威胁着南宋的统治。为了稳定新政权，宋高宗开始提拔并重用一些作战勇猛的将领，其中最有名的就是“中兴四将”。在“中兴四将”之中，岳飞的资历最浅，但是他战功卓越，尤其是在绍兴四年收复了伪齐（金人扶植宋降臣刘豫建立的政权）控制下的襄汉六郡，这使得他威名大振，后来，宋高宗授他清远军节度使一职，地位与刘光世、张俊、韩世忠不相上下。

其后几年，岳飞驻守鄂州，经营襄汉六郡，他外御金兵，内平逆乱，不但得到同僚的信任，也令敌人畏服。绍兴六年，刘豫派儿子刘麟率军进犯淮西，刘光世抵挡不住，主动弃守庐州，

这时，岳飞刚平定了曹成、杨么的叛乱，他见淮西形势危急，立即率领大军东下，大破刘麟的军队。这件事以后，高宗对岳飞更加倚重。

岳飞深受高宗的器重，便想力谏高宗恢复中原。回朝期间，他多次拜见高宗，向高宗陈述恢复中原的策略。岳飞又给高宗写信，信中写道：“金人之所以将刘豫安放在河南，就是想控制住中原，让汉人打汉人。这样一来，金国大将兀术就有时间休整部队，坐收渔利。臣期望陛下给臣些时间，一旦准备妥当了，就提兵袭取京、洛，拿下河阳、陕府、潼关，使这五路的叛将归顺朝廷。叛将归我大宋以后，我军就可以北上前进，金人必然丢下汴梁撤往河北，到

时京畿、陕右就可光复了。然后我军分兵进攻浚、滑，占据两河地带，如此就能擒获刘豫，歼灭金人。社稷长久的大计，就在此一举。”

赵构看到岳飞的信，便回信说道：“有卿这样的大臣肯为社稷谋划，朕还有什么可忧虑的呢？何时进兵何时休整，朕绝不干涉。”又将岳飞召唤到寝阁，说道：“兴复中原的大事，就全权委托给卿处理了。”于是任命岳飞节制光州。

岳飞正想筹划北伐，这时，高宗的权臣秦桧却主张宋金议和。秦桧早年曾跟随赵构在金营做人质。后来，赵构离开了金营，而秦桧却继续留了下来。等赵构做了皇帝，又念起了曾经与自己共患难的秦桧，便请求金人释放秦桧，让他回到南宋。秦桧为人奸诈，来到南宋后，他仗着高宗对己的宠信，大施淫威，先是进谗言罢了宰相赵鼎的官，继而使自己爬上了宰相的宝座。

秦桧当上宰相后，极力主张宋金议和，却遭到了岳飞等主战派的反对。秦桧怀恨在心，无时无刻不想着除掉岳飞这个眼中钉。

绍兴十年五月，金兵再次南侵，宋高宗下令岳飞增援前线。到达前线后，岳飞在川陕及两淮等地接连击败金军，很快进驻开封附近的郾城，兵势锐不可当。兀术听到消息，遂与众将商议，想集结军队合力围歼岳家军。

岳飞知道了兀术的意图，便派儿子岳云带领骑兵营直捣敌阵，岳云率军与交战数十次，杀得金人横尸遍野。这时，兀术派出了一支劲旅，这支军队人马皆披重铠，以绳索相结，三人为一联，名为“拐子马”。岳飞知道拐子马的厉害，就命令步兵携麻札刀闯入敌阵，让他们俯身砍击马腿。拐子马三马相连，一马倒下，其余两匹马便不能行动了，结果，金军被宋军杀得大败。兀术见自己苦心创建的“拐子马”全军覆没，痛惜地说道：“自从我在海上起兵，每次战斗都凭拐子马取胜，今日算是到头了。”

就在抗金形势一片大好的时候，秦桧却力劝高宗放弃淮河以北地域，高宗听了秦桧的建议，发檄文让岳飞回师。岳飞收到檄文，心情激愤，于是上奏高宗说：“金人锐气尽丧，都抛下辎重仓皇而逃。如果我军趁势渡河北进，则北方豪杰会纷纷应，恢复大计定可实现。机会来之不易，不能轻易舍弃呀！”

秦桧知道岳飞志向坚定，不肯听从回师的命令，所以就先下令调回张俊、杨沂中。岳飞孤军深入，不能久留，而且秦桧又在一日之内传来了十二道金牌，岳飞愤恨之极，眼泪不住地往下流，他向东而拜道：“十年之力，废于一旦。”

回到朝中后，高宗升岳飞为枢密副使，官位在参知政事以上，但是失去了领兵打仗的权力。尽管岳飞丢了兵权，但秦桧认为，只要岳飞不死，议和必然不能成功，而且还会使自己惹祸上身。所以他就想尽一切办法陷害岳飞。这时，他突然想起谏议大夫万俟卨与岳飞矛盾很深，于是想出了一个陷害岳飞的计谋。绍兴十一年七月，万俟卨上章弹劾岳飞，列出了岳飞的几大“罪状”，请求高宗制裁岳飞。不久，秦桧又逮捕岳飞的部将王贵、王俊，威逼他们诬陷岳飞与部将张宪谋划造反。很快，张宪被押送至大理寺，面对严刑，张宪宁死不屈，秦桧对此也毫无办法。

三个月后，秦桧下令将岳飞、岳云父子押送到大理寺狱中，御史中丞何铸奉诏审讯。尽管何铸反复讯问，但是始终得不到岳飞谋反的证据。在审讯的时候，何铸又看到岳飞背部刺着“精忠报国”四字，深知岳飞是清白的，不忍继续审问，便在秦桧面前为岳飞申辩。秦桧告诉何铸说：“此上意也。”说治岳飞的罪是高宗的意思。何铸愤然道：“强敌未灭无故戮一大将，失士卒心，非社稷之长计！”秦桧无言以答，遂奏请高宗改命万俟卨为御史中丞，让他审理岳飞一案。

这时，已经赋闲在家的韩世忠听到岳飞被抓的消息，他急忙找到秦桧，问秦桧证据何在，秦桧答道：“其事体莫须有。”意思是说：“岳飞谋反的事情大概有吧。韩世忠气愤地说：‘莫须有’三字，何以服天下！”但是，秦桧最终还是对岳飞下了毒手，绍兴十一年十二月，在高宗的默许下，秦桧以毒酒杀死岳飞，并处斩了张宪和岳云。

岳飞自二十岁从军，到三十岁被害，一生戎马倥偬，时刻不忘恢复中原。他创建的岳家军，纪律严明，骁勇善战，给金兵以沉重打击。有人曾问岳飞，天下何时才能太平，他回答说：“文臣不爱钱，武臣不惜死，天下太平矣。”的确，像岳飞这种既不惜死又不贪财的官员，在中国历史中确实是罕见的。一代抗金名将，最终没能战死沙场，而是死于昏君奸臣之手，不禁让后人产生无限的痛惜和由衷的崇敬之情。

季札让国追求大道

老子说：“大道废，有仁义。”天道被废弃了，才显示出仁义。春秋时期吴公子季札的故事可以很好地说明这个道理。

季札是春秋时吴国王室成员，因受封于延陵一代，又称“延陵季子”。他的祖先泰伯，曾经被孔子赞美为“至德”之人。泰伯本是周朝王位继承人，但父亲太王，有意传位给幼子季历以及孙子昌。于是泰伯就主动把王位让了出来，自己则以采药为名，逃到荒芜的荆蛮之地，建立了吴国。数代之后，寿梦继承了吴国王位。他的四个儿子当中，以四子季札最有德行，所以寿梦一直有意要传位给他。

季札的兄长也都特别疼爱他，认为季札的德行才干，最适合继承王位，所以都争相拥戴他继承王位。但是季札持守本心，坚辞不受。哥哥诸樊觉得自己的德行远在季札之下，一心想把王位让给他，但被季札婉言谢绝了。后来，诸樊当了吴王，但是他一直念念不忘弟弟季札。他留下遗言，让后人将王位依次传给几位弟弟，这样最终就能传到幼弟季札的手里，以实现先王寿梦生前的遗愿。就这样，诸樊死后，余祭即位；余祭死后，夷昧即位。夷昧临终前，要把王位传给季札，季札却在这时离开了吴国，退隐于山水之间，每日躬耕劳作，以表明自己坚定的志节，这才彻底打消了吴人的念头，最后由夷昧之子僚即位。

季札对吴王僚就像对待原来的吴王一样尊敬。诸樊的儿子光说："根据我父亲的意见，王位应当传给季札；如果按照嫡长子的继承法，我是嫡长子，也应当由我来继承，僚凭什么自立呢！"于是指使勇士专诸刺杀了僚，然后把王位让给季札。季札说："你杀了我的君主，我如果接受你的让位，就是我和你共同篡位了。你杀死我兄长的儿子，如果我又杀死你，就是兄弟父子相杀，没完没了。"

所以季札不但不接受王位，而且离开吴国到延陵去隐居，终生不再回吴国。有道德学问的君子们都因为他不好杀而称他仁，因为他不愿为王而称他义。

季札不仅是一位盛德之人，还是一位出色的外交家。公元前485年冬，楚国名将子期进攻陈国，吴王派季札救援陈国。季札传言给子期，明确表达自己的反战态度。经季札调停，平息了一场战乱。公元前544年，季札奉命出使鲁、齐、郑、卫、晋五国，在这次外交活动中，他同齐国的晏婴、郑国的子产及鲁、卫、晋等国的重要政治家会晤，高谈政事，评论时势，使中原与吴国通好。

季札还是一位才华出众的文艺评论家。公元前544年，他来到鲁国，欣赏了周代的经典音乐、诗歌、舞蹈，他当场结合当时社会的政治背景，对所见所闻一一作了精辟的分析和评价。如在欣赏《秦风》后就说：“这是华夏的声音呀，能够吸收华夏文化必能强大，强大到一定程度就能到达周王朝鼎盛时那样了吧！”他能从乐声中预言秦国的未来，的确难能可贵。

季札重信义。一次途经徐国时，徐国的国君非常羡慕季札佩带的宝剑，但难于启齿相求，季札因自己还要遍访列国，当时未便相赠。待他出使归来，再经徐国时，徐君已死，季札慨然解下佩剑，挂在徐君墓旁的松树上。侍从不解，他说：“我内心早已答应把宝剑送给徐君，难道能因徐君死了就可以违背我的心愿吗？”此事传为千古美谈。

季札之仁义，是其天性使然，本不需要借助“大道废”而彰显，但在春秋“礼崩乐坏”“大道既废”的背景下，其仁心义行才更彰明显著，更反衬出其所处时代的人心不古。

汉文帝行宽厚之政

抛却聪明与智巧，以无为的思想来治国，才能治理好天下。汉文帝减轻刑罚宽厚待人的事迹，就充分体现了这一点。

秦朝因暴政而亡国，其暴政的一个重要内容就是严刑峻法。汉朝建立后，吸取秦亡教训，逐渐减轻刑罚。汉文帝更是对“秦律”中的弊端进行了改革。秦律规定，被判为隶臣妾的人，都没有刑期，必须终生服劳役。文帝下令重新制定法律，根据犯罪情节轻重，规定服刑期限；罪人服刑期满，免为庶人。秦律中还规定，罪人的父母、兄弟、姊妹、妻子和子女都要连坐，重的处死，轻的收入官府做奴婢。文帝则完全废除了这条刑律。此外，秦代有黥、劓、刖、宫四种肉刑，汉文帝下诏废除黥、劓、刖三刑，改用笞刑代替。关于文帝废除肉刑，需要讲一个故事——缇萦救父。

齐国太仓令淳于公犯了罪，朝廷下令把他抓了起来，关押在长安的监狱中。淳于公没有儿子，只有五个女儿。他被逮捕的时候，心中不满地说道：“生孩子不生儿子，遇到紧急情况，没有一点用处！”这时，小女儿缇萦听到了刚才的话，感到非常伤心，就随着父亲来到长安。为了能救父亲，她向朝廷上书说："我的父亲在齐国做官，那里的人都称赞他廉洁奉公，现在触犯了法律，理应接受惩罚。我所哀伤的是，受了死刑的人，就再也不能活过来了；受了肉刑的人，肢体断了就再也不能接起来了，他即使想改过自新，也没有办法了。我情愿做官府的奴婢，来抵父亲应该接受的刑罚，使他改过自新。"文帝看到缇萦所上之书，十分怜悯她的孝心，就下诏说："听说以前有虞氏只给罪犯穿上有特定标志的衣服，以此来羞辱他们。这样，就能起到警戒百姓的作用了。为什么能这样呢？因为当时政治清明到了极点。现在法令中有刺面、割鼻、断足三种肉刑，可是犯法之事仍不能断绝，这是什么缘故呢？不就是因为我的道德教化不明吗？我自己感到很惭愧。现在有人犯了过错，我不给他接受教育的机会，而是轻率地予以惩罚，这样一来，就算有人想改过自新也没有机会了。"结果，文帝不但答应了缇萦的请求，释放了她的父亲，而且还下令废除了肉刑。

文帝宽厚仁慈，许多官吏在断狱的时候也从轻处理，这样一来，狱事就简省了许多，人民所受的压迫比秦朝的时候显著减轻。汉文帝不但减轻刑罚，而且对于反对过自己的人也表现出极大的宽容。

有一次，济北王刘兴居听说文帝到了代地，于是趁机起兵造反，打算袭击荥阳。文帝得知后，立即从太原返回到长安，下令军队平叛，同时，他还下诏说："济北王谋逆作乱，连累了济北的臣民，这真是大逆不道。济北的臣民，凡是在朝廷大军到来之前就自己停止反叛活动的，以及率部投降或献出城邑投降的，一律赦免，官爵与原来相同。"诏令一出，叛军内部开始不团结了，汉朝的军队很快就打败了济北叛军，俘虏了济北王。事后，文帝又宣布赦免参与造反的济北臣民。

公元前174年，有人告发淮南王刘长擅自制定法令，把宫室建造得跟天子的规格相同，并与棘蒲侯之子陈奇蓄意造反。文帝得知后，缇萦救父。与群臣议论此事，大臣们都主张处死刘长。刘恒不忍心，免了刘长的死罪，只是废了他的王位。南越王尉佗曾自立为武帝，刘恒并没有派兵前去镇压，而是把尉佗的兄弟招来，给予丰厚的赏赐。

尉佗听说后，十分感动，于是取消了帝号，向汉朝称臣。大臣中有人直言敢谏，而且丝毫不留情面，但是文帝总能宽容采纳。还有一次，有大臣收受了别人的贿赂，文帝知道后，没有将他交给执法官吏处理，而是从皇宫仓库中取出金钱赐给他们，用这种办法让他内心羞愧，反省自己。

晏子痛斥楚王

春秋时期，齐国有一位颇有才能的相国名叫晏婴，被世人尊称为晏子。

一日，晏子奉国君之命，出使楚国。自恃国力强盛的楚王得知这个消息后，十分高兴，便对左右的人说：“晏婴是齐国很善于言辞的人，现在正动身前来我国，趁此机会，我想侮辱侮辱他，扬扬我们的国威，杀杀他的威风，看看诸位有什么锦囊妙计？”

其中有一个人，自恃智慧过人，走上一步，对楚王如此这般耳语一番，楚王听到属下献出的连环计，不由得开怀大笑，连称妙绝。

当晏子一行如期来到楚国城门之外时，交换了公文正准备入内，却被城门卫士拦住，卫士一脸坏笑地对晏婴说：“你别从正门进，那边特意给你开了一个小门，你从那里进去！”说着用手指了城门一旁的小洞。

晏子顺着卫士手指的方向，看到那里果然有一小门，晏子知道，这明显是在羞辱他，就义正言辞地说：“只有出使狗国的人，才从狗洞中进去。可我今天，出使的是楚国，应该不是从此门中入城吧。”楚国城门卫士满脸尴尬，只好请晏子从大门进去。晏子拜见楚王。楚王看了一眼其貌不扬、身材矮小的晏子后，傲慢地说：“齐国恐怕是没有人了吧？”

晏子显然知道楚王这是给他下马威，故意拿自己的形象说事，就不紧不慢地回答：“齐国首都临淄有七千多户人家，展开衣袖可以遮天蔽日，挥洒汗水就像天下雨一样，肩挨着肩，脚跟着脚，怎么能说齐国没有人呢？”

楚王口气强硬地说：“既然齐国人才济济，那又为什么派你这样一个人来作使臣呢？”

对于这样的羞辱，晏子绵里藏针，回答说：“楚王有所不知，齐国派遣使臣，各有各的出使对象，贤明的人就派遣他出使贤明的国家，无能的人就派遣他出使无能的国家，我是最无能的人，所以只好出使楚国了。”

直到此时，楚王方知，自己绝对不是晏子的对手，再这样下去，受到侮辱的反而是他自己，于是特意安排晏子入席喝酒。可是，正在喝酒喝得高兴的时候，两名公差绑着一个人来到楚王面前。

楚王问道：“被绑着的人来自哪里？是干什么的？”

公差回答说：“他是齐国人，犯了偷窃罪。”

楚王看了看晏子，问道：“齐国人天生就善于偷东西吗？”

晏子十分愤怒，站起来回答道：“我听说这样一件事‘橘生长在淮南就是橘，生长在淮河以北就叫枳’，只有叶子相似，它们的果实的味道却不同。这样的原因是什么呢？是因为水土条件不相同啊！现在这个人在齐国不偷东西，可一到了楚国就会偷了，莫非楚国的水土使百姓善于偷盗吗？”

楚王无话可答，笑了笑说：“看来是真的不能和德才兼备的圣人开玩笑，否则，我就是真的自讨没趣了。”

从晏子与楚王的唇枪舌剑中，我们可以看到，一件事情是会产生反作用的。楚王屡次羞辱晏子，但每次都是让自己颜面尽失。同样道理，统治者所施行的政策，也会起到反作用，只有排除一切私欲杂念来治理天下，才能让天下的人以同样的诚挚对待统治者。

“糊涂”宰相吕端

老子说：“众人昭昭，我独昏昏；众人察察，我独闷闷……我独异于人，而贵食母。”这段话，实际是一种大智若愚的处世哲学。北宋名相吕端“糊涂”的人生态度，就很好地体现了老子这一思想。吕端是北宋名相，却被认为非常“糊涂”，这是怎么回事呢？

公元995年，吕端被宋太宗提升为宰相。对于这个一人之下、万人之上的位置，吕端并不觉得如何了不起，他考虑的是如何调动全体臣僚的积极性，为此自己不惜放权和让位。当时和他有同样声望的还有名臣寇准。寇准办事干练，很有才能，但是性子有些刚烈。吕端担心自己当了宰相后寇准心中会不平衡，如果寇准要起脾气来，朝政会受到影响，于是请太宗另下了一道命令，让担任参知政事（副宰相）的寇准和他轮流掌宰相印，领班奏事，并一同到政事堂中议事，得到了太宗的批准，也平息了寇准的不满情绪。后来，太宗又下诏说：朝中大事要先交给吕端处理，然后再上报给皇帝。但吕端遇事总是与寇准一起商量，从不专断。过了一段时间，吕端又主动把相位让给了寇准，自己去当参知政事。这种主动让权的行为，在世人眼中自然是“糊涂”的举动。

吕端的“糊涂”，还体现在他不置产业上。吕端为官清廉，贪污受贿之事从来没有做过，即便在处理国家大事上，吕端明于决断，敢于负责。是自己应得的那份俸禄，他也常常分出一些来周济别人。以至于后来吕端去世后，他的两个儿子竟因生活困难，没钱结婚，只好把房产抵押给别人。真宗皇帝知道这个事情后，很受感动，从宫廷开支中支出了五百万钱把房产赎了回来，另外又赏了不少金银和丝绸，替吕家还清了旧账。

吕端经历了北宋太祖、太宗、真宗三朝。他具有很好的政治才能，在内政、外交等方面都有独到的见解。北宋的开国宰相赵普曾这样评价他：“得到褒奖不曾高兴，遇到挫折不曾害怕，具有宰相的气度。”但真正使他名传千古的，还是他的“大事不糊涂”。

吕端遇大事不糊涂，指的是他在关乎国家安危、社稷稳定的大事上，明于决断，敢于负责。当宋太宗已经和寇准商量，要斩党项族羌人首领李继迁之母时，吕端认为，这并非边疆之常事，而是军国之大事，自己作为宰相，不能不过问。于是，他亲见太宗，力陈利弊，予以制止，并建议将李继迁之母安置在延州，好好供养起来，以此来牵制并感动李继迁。太宗采用了吕端的建议。后来继迁之母病死在延州，此时李继迁已死，这件事感动了李继迁的后代，其子归顺宋朝，北宋的西北边患渐渐好转起来。

宋太宗身体不适，立三子为皇太子。在他病危时，宫廷里酝酿着争夺皇位继承权的斗争。宠宦王继恩担心太子继位对自己不利，就先串通好了皇后，再暗中勾结了参知政事李昌龄、殿前都指挥使李继勋、知制诰胡旦等人，图谋拥立楚王赵元佐（太宗的长子）继位。太宗去世后，皇后马上就派王继恩召见吕端，计划逼着吕端同意立楚王为君。其实在他们刚开始谋划的时候，吕端已经有所耳闻了，现在听到皇后召他人宫，知道局势可能有变，就果断地把王继恩锁在了自己家的书房中，派人严加看守，然后人宫晋见。果然，皇后对他提出了立楚王的问题，吕端毫不客气地顶了回去，说：“先帝在的时候已经明确了太子人选，我们怎能不听他的话呢？”由于谋变的关键人物王继恩已经被控制了起来，皇后一时也没了主意。吕端趁热打铁，率领大臣共同保太子继位。真宗登基后，坐在大殿上垂帘接受群臣的朝拜，吕端站在下面不肯下跪，要求卷起帘子来，然后登上台阶察看坐在上面的是不是真宗本人，等确认之后，才走下台阶，率领群臣磕头跪拜。接着，又把那几个犯上作乱者发配到外地，彻底平息了这场争端，确保了北宋朝廷的稳固。这是吕端“大事不糊涂”的一个证明。

吕端一生经历了三代帝王，在四十年的宦海生涯中几乎没有受到什么冲击，成为政坛的“不倒翁”，这种经历在历史上实在是不多见的。这与他在大局、大节问题上毫不糊涂，但在事关个人利益的问题上却“难得糊涂”的品质是有很大关系的。对于我们今天的人来说，不管是当官还是为人处事，都应该学学这种“糊涂”的精神。

不贪慕富贵的庄子

老子将世俗之人的心态与自己的心态，作了对比的描述，老子说自己是“愚人”，有“昏昏”“闷闷”等特点，这实际上是说自己不与世俗之人同流合污。在中国历史上，有很多淡泊名利、不合于世俗的高士，庄子便是典型的一个。

庄子，姓庄，名周，字子休（一作子沐）。宋国蒙（今安徽蒙城县）人，做过蒙地的漆园吏。庄子原系楚国公族，楚庄王后裔，后因战乱迁至宋国的蒙地，与道家始祖老子并称为“老庄”。代表作为《庄子》，其主要观点是“天人合一”和“清静无为”。作为老子学说的继承人，庄子很彻底地实践了老子的处世思想和政治理念，不慕名利，甘愿过淡泊清贫的生活。

庄子一生保持着旷达的心境，而且一直视富贵荣华如敝屣。在庄子眼里，整个天下都是沉浊的，没有人能与自己交谈。既然如此，也只好自己独与天地进行精神往来了。尽管庄子是个绝顶聪明的人，但是要想找到一两个知己，那也不是容易的事情。平常能够与他谈得来的，除了惠子之外，只怕也找不到第二个人了。庄子与惠子很相似，他们都喜欢辩论，而且辩论时都犀利无比；他们也都很博学，对于探讨知识有着浓厚的兴趣。惠子有一个习惯，那就是倚在树底下高谈阔论，等辩论得疲倦的时候，便据琴而卧（“倚树而吟，据槁梧而瞑”）。对于这种态度，庄子很看不惯，但他也常被惠子拉到树下一起谈论学问，或在田野上散步。历史上那个有名的“鱼乐之辩”，便是在庄子和惠子散步时引起的。

对于外界，庄子常常抱着观赏的态度。惠子则不同，他只站在分析的立场，来分析事理意义。两人之所以有不同的认知态度，是由于他们性格上的不同，进而导致有两种对立的思路：庄子超然物外，但又返回事物本身来观赏其美；惠子则走向独我论，也就是每个人无论如何不会知道第三者的心灵状态。

据《庄子·秋水》篇记载：惠子曾经在梁国做过相国。有一次，庄子去看他，但是，惠子听到一个谣言，说是庄子这次来是为了代替他的相位。惠子心里很担心，于是派人在梁国境内寻找庄子三天三夜。后来，庄子去见惠子，对他讲了一个寓言，把他对相位的贪恋比作猫头鹰得到了臭老鼠而自以为美。从这个故事可以知道，惠子处于统治阶层，免不了会染上官僚的习气，这对庄子不慕名利，甘愿过淡泊清贫的生活。于“不为轩冕肆志，不为穷约趋俗”的庄子来说，当然是很鄙视的。还有一次，惠子路过孟诸的时候，身后跟随着一百辆车子，排场十足，庄子见了，对惠子十分鄙视，就连自己所钓到的鱼，他也因为嫌多而抛回水里去了。

关于庄子的淡泊名利，还流传着一个故事，即“庄子钓于濮水”。有一次，庄子在河南濮水边十分悠闲地垂钓。这时，他的身后来了两位楚威王的使者，他们奉了楚王之命，特意到濮水之畔邀请庄子庄子知道他们的来意后，慢悠悠地说道：“楚国水田里的乌龟，是愿意到楚王那里，让楚王用精致的竹箱装起来，用丝绸的巾饰覆盖它，珍藏在宗庙里，用死来换取‘留骨而贵’呢，还是愿意拖着尾巴在泥水里自由自在地活着呢？”

楚使稍微迟疑了一下，说道：“自然是宁愿拖着尾巴在水中活着。”

庄子狡黠地笑了笑，说道：“那就是了，我也只想拖着尾巴在泥水里自由自在地游玩呢。”

庄子宁愿在乡野间自由自在地活着，也不愿到楚国做大官，这种淡泊名利的品质，值得后人敬佩。

吴起向魏文侯论以德治国

老子论述道与德之间的关系，尽管道是无形无状的，但是体现在社会上就是德，德是随着道来变化的，具有大德的人才是合乎道的人。老子主张以道治国，以道治人，体现在社会上，那便是以德治国；体现在个人身上，那便是以德治人。这是实现道的前提，也是实行道的具体体现。

吴起是战国时期著名的政治家和军事家，吴起一向重视以德治国，他在治国治兵的时候，不以自然条件和已有的社会条件为决定性的因素，他说："山河之固，在德不在险。用兵之道，以治为胜利。"魏武侯接受他的建议，内修德政，外治武备，最终称雄一方。

战国时期，魏文侯因吴起廉洁公正，且擅长用兵，深得将士的爱戴，于是任命吴起为西河（魏郡名，辖境在今陕西东部黄河西岸地区）郡守，以守卫魏国的西北部边境，抵御秦国和韩国的进犯。

魏文侯死后，其子魏武侯即位。武侯对吴起很赏识，因此继续重用吴起。公元前395年，魏武侯视察西河地区，乘船顺河而下，察看地形。在沿途之中，武侯看到这里有高山大河，险要奇伟，不禁感慨不已，于是回过头来对吴起说道：“西河地区，山河环绕，地势险峻，有‘一夫当关，万夫莫开’的气势，阻挡着敌人的入侵，这真是魏国之幸啊！”

吴起听了后，连连摇头。魏武侯见吴起不认同，便疑惑地问道：“吴将军这是不赞同我的观点吗？”

吴起回答说：“国家的兴盛衰败，在德而不在山河之险。”

武侯又问道：“这是什么原因呢？”

于是，吴起援引历史上许多国家拥有险要山川地势，却不注意以德治国，不施恩德于百姓，终遭失败的例子，来警告魏武侯注重以德治国。

吴起又劝谏武侯说：“国家的兴盛衰败，在于是否对百姓施以恩德，不能只依靠山川的险峻。当初，三苗氏（相传古部落名）所居住的地区，左边有洞庭湖，右边有鄱阳湖，地势险要。但是由于他们不讲德信，终于被夏禹（相传古部落联盟首领）灭掉了。夏朝末代的君主桀的驻地，左边有黄河、华山，右边有泰山、济水，北边有太行山，南面有龙门山，地势更加险要，但是由于他不施仁政，结果被商汤打败了。商朝末代君主纣王的国都，左面有孟门山，右面有太行山，北面有恒山，南面紧靠着黄河，同样也因为不施行德政，为周所灭。从这些历史事实来看，治国在于有好的政策法令，给人民以恩德，而不在于地形的险要！如果大王不施德政，恐怕船上的人都有可能成为您的敌人了。”武侯听后，敬佩地说道：“你说得太对了。”

由于魏武侯听取了吴起的建议，内修德政，外练强兵，并支持吴起变法，改革兵制，从而建立起一支精锐骁勇的“魏武卒”，魏国逐渐成为战国初期的霸主。

坚守信念的孔子

老子说：“孔德之容，大道是从。”但凡有大德之人，其一言一行都是以“道”为依归的。

孔子困厄于陈蔡之间，断粮多日，弟子怀怨，还被役徒攻击，处境非常艰难。但他不为所动，终日抚琴唱歌而不停止，从容而不失君子风度，可谓得道至深。君子只要坚守本心，固持信念，就不会为困厄的处境所累，相反，真正的君子会因为处境艰厄而更加坚持理想，固守信念，这就叫“君子　固穷”。

孔子迁居到蔡国的第三年，吴国军队攻伐陈国。楚国出兵援救陈国，驻扎在城父。听说孔子在陈国、蔡国之间，楚昭王就派人去聘请孔子。

孔子准备前往拜见作为回礼，陈国、蔡国的大夫相互谋划说：“孔子是个贤人，他所讥刺抨击的都切中诸侯的弊病。如今他长久滞留在陈、蔡之间，众大夫所作所为都违反他的心意。如今楚国是大国，派人前来聘请孔子，倘若孔子在楚国做了官，我们这些在陈国、蔡国主事的大夫就危险了。”于是共同调发服役之徒将孔子围困在野外。

孔子没法行路，又断绝了粮食，随从的弟子疲惫不堪，都饿得站不起来了。但孔子仍讲习诵读，抚琴而歌，传授学问毫不间断。子路见状很生气，来见孔子说：“君子也有困窘的时候吗？”

孔子说：“君子能固守困窘而不动摇，小人困窘时就胡作非为了。”

子贡正饿得头脑发晕，一听孔子这么说，顿时怒气发作。孔子说：“赐啊，你以为我是个博学强记的人吗？”子贡说：“难道不是吗？”孔子说：“不是啊。我是用一个思想贯穿于全部学说的　人啊。”

孔子知道弟子们有怨恨之心，就召见子路，向他询问道：“《诗》中说：‘不是犀牛也不是老虎，却疲于奔命在空旷的原野。’我们的学说难道有不对的地方吗？为什么会沦落到这个地步？”

子路说：“我想是我们还没有达到仁吧！所以别人不信任我们；我们还没有达到通达的境界吧！所以别人不实行我们的学说。”

孔子说：“是这些缘故吗？仲由，让我给你打个比方吧，假如是仁者就必定会受到信任，那怎么还会有伯夷、叔齐？假如是通达者就必定能行得通，那怎么还会有王子比干？”

子路出去，子贡入见。孔子向他问了相同的问题，子贡回答说：“老师的学说极其宏大，所以天下没有国家能容得下您。老师是否可以稍微降低一点标准呢？”

孔子说道：“赐，优秀的农夫善于播种耕耘却不能保证获得好收成，优秀的工匠擅长工艺技巧却不能迎合所有人的要求。君子能够修明自己的学说，用法度来规范国家，用道统来治理臣民，但不能保证被世道所容，如今你不修明你奉行的学说，却去追求被世人收容。赐，你的志向太不远　大了！”

子贡出去，颜回入门拜见老师。孔子又以同样的问题询问颜回。颜回说：“老师的学说极其宏大，所以天下没有国家能够容纳。即便如此，老师推广而实行它，不被容纳怕什么？正是因为不被容纳，然后才现出君子本色！老师的学说不修明，这是我们的耻辱。老师的学说已经努力修明而不被采用，这是当权者的耻辱。不被容纳怕什么？不被容纳然后才现出君子本色。”

孔子高兴地说道：“有道理啊，颜家的孩子！假使你拥有许多财产，我给你当管家。”后来孔子派子贡出使楚国。楚昭王兴师动众迎接孔子，孔子才得以脱身。

谦卑处下的大将曹彬

“夫唯不争，故天下莫能与之争。”在这里，老子说明了曲乃能全，柔乃克刚的道理。老子一向主张外柔守静，以退为进的处世原则。在某种意义上说，失去反而能够永久拥有；牺牲局部，往往能够赢得全局的胜利。“退一步，为了前进两步”的行为并不是懦弱，而是一种曲线式的生存方式。

这种外柔守静、以退为进的策略，就像弹簧一样，压缩在一起却蕴藏着巨大的力量。北宋初期的大将曹彬，无论是治军打仗，还是处世为人，都一直遵行外柔守静的原则，这便是一个典型的例子。

北宋的开国皇帝宋太祖赵匡胤，依靠军事力量而黄袍加身，后来他在统一全国的战争中，提出了一种“和平兼并”的战略，也就是尽量不采用武力而统一天下。即使不得已而动用了武力，也尽量留有余地，只要敌人放弃抵抗，那么宋太祖不但保障对方的人身安全，并且常给对方相当程度的优遇。对于这种“和平兼并”的策略，尽管有不少将领持反对态度，宋太祖却一直坚持这个原则。

宋太祖为什么如此坚持这一策略呢？这是因为，他所考虑的是日后的治国问题。既然要统一，便不能制造仇恨，所以纵然是自己吃亏，也得忍让，这一原则也是治国者最富智慧的谋略。不过，一旦处于战争状态，宋太祖的这种谋略往往很难顺利得到贯彻执行。面对顽强的敌人，行军打仗的人常会因为报复心理而产生将之毁灭的冲动。如果控制不住这股冲动，必然会导致不必要的屠杀及掠夺，然后又引发更多激烈的反抗。这种征服、反抗的恶性循环，正是宋太祖最为担忧的事情。攻打后蜀的时候，大将王全斌便因“屠城杀降，以逞威暴”，使太祖非常恼怒，宋太祖曾想对他严加惩处，但是由于大将曹彬巧妙的劝谏，才平息了这场风波。

曹彬，北宋初年大将。字国华，真定灵寿（今属河北）人，以败契丹、北汉功，任枢密承旨，灭后蜀任都监。曹彬是个有谋略的将军，他颇能体会太祖“不求胜利”的道理，所以在征蜀之后，曹彬不逞兵威的做法，深得宋太祖的称赞，而曹彬也逐渐成为太祖在统一天下的征战中最受信任的大将。

曹彬原本与赵匡胤在周世宗的朝廷上同殿为臣，当时的曹彬只是个管理酒肆的小官吏而已。有一天，当时身为殿前都点检的赵匡胤，由于家里举办宴席，便向曹彬要些酒，但是曹彬却说道：

“此官酒，不敢相与。”不过，曹彬并没有就此拒绝赵匡胤，而是自己出钱去买酒，然后送到了赵匡胤的家中。这只是一件很小的事情，但曹彬公私分明的态度，却让赵匡胤极为感动。当上皇帝后不久，宋太祖便在一个公开场合对群臣说道：“世宗旧吏，不欺其主者，独曹彬耳。”赵匡胤本人个性豪迈，做事积极，但在治国的问题上，他却非常欣赏这位谨慎小心、个性和自己几乎完全相反的曹彬。

征蜀的时候，曹彬原为监军，但是由于征蜀的各路兵马从不同方向攻入，所以会师成都之前，曹彬根本无法真正监督大将王全斌的行为，因此也就不能执行监军的职责了。况且，按照宋太祖的旨令，曹彬的监军之权仅限于事后报告，并没有反对的权力。曾经有好几次，曹彬感到宋军的行为过于残暴，而在开军事会议的时候，他也主张即刻回师，却因诸将的反对而作罢，最后，终于引起了蜀人大举抗暴的风波。

虽然无法劝动其他的将领，曹彬仍严格约束自己的军队不可胡作非为。刚刚攻克成都的时候，军士掠夺了一些民间的妇女，曹彬则下令把这些妇女置于一个安全的地方，对她们供应食物，并向手下的将士说道：“这些女子是准备献给朝廷的，不可侵犯，你们应当好好地保护她们。”等局势较为稳定后，曹彬立即把这些女子送还给她们的父母；没有亲属的，则由曹彬安排她们的婚事，许配给适当的对象。当抗暴事端扩大之时，曹彬又出面斡旋，这样一来，叛乱事件很快就平息下来了。

这次事件之所以很快得以平息，主要就是因为蜀国军民对曹彬心怀感激之情。

征蜀战役的总指挥王仁赡，把这场风波的责任全部归罪于王全斌。但是，等宋太祖调查完毕后，却得知连王仁赡的直属军队也做出了很多暴行，只有曹彬的军队不但没有扰民，甚至还尽到了守土安民之责。特别是“王全斌杀降兵三千人”的事件，宋太祖极力主张严惩王全斌，有不少朝廷大员反对，认为天下还没有平定，正当用人之际，怎可为此处罚自己的大将。但宋太祖却认为，河东江南都还没有归顺宋朝，如果不对此严惩，随意杀人的事件还将会出现，这将严重影响统一天下的进程。因此，在调查工作完成后，太祖召集所有征蜀的将领，责问他们随意杀人的罪行，并让曹彬先行退下，说这里没有你的事。但是，曹彬不但没有退下，反而叩首谢罪，说道：“臣同商议，罪合诛戮。”在宋太祖的心目之中，将来可以委以大任的，只有曹彬一人，因此决定卖个人情给曹彬，只在口头上严厉地警告一番，便暂时不再追究这件事了。

不久，宋太祖派曹彬和潘美率领宋军征伐江南。在出征之前，太祖特意召见曹彬，要求这次出征绝不可以再有征蜀时的残杀事件的发生。这时，曹彬在衣袖之中取出了当时曾激烈反对杀戮行为的文件，太祖感到很惊讶。于是问道："既然你没有做杀戮的事情，那么当时为什么坚持服罪呢？"

曹彬说道："臣最初的时候与全斌等同被委任，如果全斌等获罪，而唯独臣没有罪，那是不合适的，所以一同服罪。"曹彬说这段话，不但表示自己重视团体责任，另一方面也劝谏太祖在委派任务时应当权责分明，只有这样才可以阻止屠杀事件的再次出现。

太祖又接着追问说："卿既欲自当罪，又安用留此文字？"曹彬表示："臣初请陛下必行诛戮，故留此文书，令老母进呈，乞全老母之命。"从这里也可以看出，曹彬到最后关头仍不愿为个人脱罪，只是担心母亲受到株连，所以才不得不把文件拿了出来。曹彬的孝心及义气，使宋太祖更加敬佩了。

第二天，宋太祖在朝廷上正式任命曹彬及潘美为征伐江南的正副统帅。曹彬表示自己能力不足，难以承当主帅的大任。而身为副帅的潘美，觉得这是个千载难逢的好机会，便极力表示自己对征江南的信心。

宋太祖看在眼里，便正色地对曹彬说道：“所谓大将者，在于能斩出位犯分（越级擅作主张）之副将而已。”只这一句话，把旁边的潘美吓得直冒冷汗，不敢抬头观望太祖了。在这个简单的任命仪式上，宋太祖已对统帅的职责作了明确的授权。

在曹彬出征的前一天，太祖邀请曹彬喝酒，君臣二人喝到微醉的时候，太祖诚恳地向曹彬说道：“南唐国主李煜，实在没有什么罪过。我之所以征讨他，只是因为我没有能力使他归服罢了。”

曹彬率军南下之后，他为了避免敌我双方做出无谓牺牲，于是采用了长期包围的策略。宋军很快兵临金陵城下，曹彬的包围战从春天开始，一直延续到冬季。时间一长，宋军的军纪松懈，城破之日，屠杀和掠夺的行为可能无法避免，这令身为主帅的曹彬心里非常忧虑。因此，在攻城前夕，曹彬突然称病不主持召开军事会议。宋军所属的各支部队将领立即前往曹彬的军营问候，曹彬说道：“我的病不是药石所能医治的。只要大家能共同立誓，表示城破之日不妄杀一人，我便可以立刻痊愈了。”于是诸将焚香为誓，约束自己的军队，金陵城破当日，宋军之中并没有出现掠夺及屠戮的暴行。

在回师的时候，曹彬的行李特别多，有人诬告说曹彬的行李当中都是珍宝奇货，太祖便派人秘密调查，结果发现行李之中全都是书籍。回到京城后，曹彬在奏折上也谨称“奉江南干当公事回”，一点都没有刚打赢胜仗的狂傲之气。

曹彬在完成征南战役的任务之后，宋太祖封其为枢密使，但他仍旧保持原有的谦虚作风。《宋史》上说他“接小吏亦以礼，未尝以名吁”。回到家里，曹彬也不宴请宾客，生活非常俭朴，每天五更鼓一响，便已到达禁门，等候上早朝了。曹彬对己要求严格，性格却宽厚仁慈，他曾经多次向部属表示自己为将的原则和风格：“自吾为将，杀人多矣，然未尝以私喜怒辄戮一人。”

曹彬不止在行军打仗时外柔守静，即使在治理国家的时候，也是如此。《涑水记闻》中记载了曹彬的一则故事，说的是曹彬做侍中的时候，待人谦恭，从不因自己身居高位而盛气凌人，对于到自己家里的客人，不论官职大小，都以恭敬的态度对待之。而对犯了错误的人，曹彬也会给予人格上的尊重。曹彬在徐州当知府的时候，有个小官犯了罪，案子已经作了判决，但是过了一年才对那名官吏执行杖刑。大家都不明白曹彬为什么这么做，他解释说：“我听说这个小吏当时刚刚娶了媳妇，如果在新婚不久就对他执行杖刑，根据当地的说法，新娘子一定是“上门丧”“扫帚星”，公婆一定会认为这个媳妇不吉利而厌恶她，一天到晚打骂折磨她，使她无法生存下去。而依照法律，我不能免除他的罪刑，因此只好延缓处罚的时间。”大家听后，无不对曹彬产生敬意，均感到心悦诚服。

刘盈谦下而保全太子之位

求全求盈难免急功近利，求直求新难免欲速不达。相反，曲中有全，枉中有直，洼中有盈，敝中藏新。有时，汲汲于名利的人辛苦一场却徒劳无功，不争不求的人反倒成为最后的赢家。汉惠帝刘盈登临君位的过程就很能说明这个道理。

刘盈是刘邦和吕后所生之子，九岁时被立为太子，但他并没有得到刘邦的宠爱。很长一段时间里，刘邦都更喜欢和戚夫人所生的赵王如意，并一度萌生废掉刘盈，改立如意的念头，甚至曾在朝堂上公开表示要换掉太子。若不是遭到大臣们的极力反对，刘盈的太子之位恐怕就要失去了。

吕后在察觉到刘邦打算换太子的想法后，非常焦急。尽管大臣们大多支持刘盈，但只要刘邦一天不认可刘盈，吕后就一天不能放心。情急之下，吕后找到自己的兄弟建成侯吕释之，让他帮忙去找留侯张良。而张良在了解了事情的脉络后，给了吕后这样的建议：“天下有四个人不肯归顺皇上，这四个人就是‘商山四皓’，皇上很尊重这四个人。如果能把这四个人请来辅佐太子，皇上便能知难而退了。”

吕后听取了张良的建议，派人去请商山四皓出山。由于刘盈在书信中态度谦和，一直不肯归顺刘邦的商山四皓同意帮助刘盈，做了刘盈的宾客。

公元前196年，淮南王英布造反，刘邦偏巧患了重病，便要刘盈带兵平乱。很多人都把这当成一个积累声望的机会，但商山四皓却不这么看，他们警告吕释之：“太子从来都没有带兵打过仗，而英布却是久经沙场的老将，太子很难战胜他。何况他身为太子，即使打胜了，对自己也无益；一旦打败了，那么太子的位子就保不住了。”

吕释之听了，惊出一身冷汗，马上将商山四皓的话转告给吕后。吕后当即做出反应，她对刘邦说，刘盈年纪太轻，威望也有限，恐不能让众将服从。对付英布这样的敌人，还需要刘邦亲自出马，刘邦可以卧在车里指挥军队。刘邦采纳了吕后的意见。

第二年，刘邦平叛归来，病得愈发厉害，眼看身体一天不如一天，他又起了换太子的念头。张良和叔孙通都表示反对，但刘邦就是不听。这时，商山四皓又出现了。当时，刘邦正在宴请群臣，太子刘盈在一旁侍奉。刘邦注意到刘盈身后跟着四个相貌奇特的老人，衣着服饰异于常人。刘邦好奇心大起，忙询问这四名老者的身份，一问才知道，他们正是自己访求多年不得的商山四皓。刘邦觉得十分奇怪，不明白为什么隐居多年的商山四皓会追随刘盈。四皓便答："陛下轻视士人，喜欢谩骂，我们几个不想受侮辱，所以躲藏起来。我们私下里听说太子为人仁孝，恭敬待人，喜爱士人，所以就想来辅佐太子。"

听了商山四皓的话，刘邦意识到刘盈羽翼已丰，便打消了换太子的念头。

刘盈性格温厚，没有一般皇家子弟咄咄逼人的气势，既不夸耀才能，也不激进争功，因此隐居多年的商山四皓愿意为他出山，并帮助他保住太子之位。

韩侂胄恋位而不得善终

老子以狂风暴雨不能持久说明事物太过都不能长久的道理。如果过于追求财富，最终会一无所有；如果过于贪图享乐，最终或许会惨淡终了一生；如果过于迷恋权力，最终会为权力所害，不得善终。

过于迷恋权力的人，往往集大权于一身，不肯轻易松手，这实际上是非常愚蠢的。这类人看不到迷恋权力的害处，或是明明知道害处，却仍旧疯狂地占有权势，惹祸上身也在所不惜。南宋时的韩侂胄就是这样的人。

韩侂胄，相州安阳人，北宋名臣韩琦的曾孙。父亲名诚，娶了宋高宗皇后的妹妹，韩侂胄以恩荫入仕。光宗绍熙五年，他与宗室赵汝愚等人拥立赵扩即皇帝位，赵扩就是宋宁宗。宁宗即位不久，韩侂胄就逐赵汝愚出朝廷。从此，掌握军政大权长达十三年。韩侂胄执政期间，制造了“庆元党禁”，凡与党人有牵连的，不得任官职，也不得参加科举考试。开禧元年，升为平章军国事，权倾朝野。刚步入仕途的时候，韩侂胄曾在南海县担任过县尉。在这期间，他曾聘用过一个书生。这名书生十分贤明，韩侂胄很信任他。后来，韩侂胄升迁，两人从此就断了联系。宁宗时，韩侂胄以外戚身份主持朝政，每当他遇到棘手的事情时，就会常常想起那位书生。

一天，那位书生突然来到韩府，请求拜见韩侂胄。原来，书生早已中了进士，做过一任官后，便赋闲在家了。韩侂胄见到书生，自然十分高兴，要他留下做自己的幕僚，还答应给他丰厚的待遇。这位书生本来无心出仕，但是韩侂胄执意不肯放他离去，所以只好答应留下来待上一段时间。

韩侂胄本就器重这位书生，此时更视他为心腹，与他几乎无话不谈。然而，书生很快就厌倦了相府的生活，于是请求韩侂胄允许他离开，韩侂胄见他去意已决，只好答应了，并设宴为他饯行。在饯别宴上，两人一边饮酒，一边畅谈在南海共事的情景。直至半夜，韩侂胄屏退左右，把座位移到这位书生的面前，向他问道：“我现在执掌朝政，谋求国家中兴，外面的舆论如何？”

听到韩侂胄的问题，这位书生紧皱眉头，端起酒来一饮而尽，叹息着说：“平章的家族，面临着覆亡的危险，还有什么好说的呢？”

韩侂胄知道他从不说假话，于是心里开始担心起来。他忧虑地问道：“果真有这么严重吗？这是什么缘故呢？”

这位书生疑惑地看了一下韩侂胄，不禁连连摇头，似乎为韩侂胄至今仍执迷不悟而感到诧异，说道：“危险就在眼前，平章为何视而不见呢？册立皇后，您没有出力，皇后肯定在怨恨您；确立皇太子，您也没有出力，皇太子也必定怨恨您；朱熹、彭龟年、赵汝愚等人被称为‘贤人君子’，而您想把他们撤职流放，士大夫们肯定会怨恨您；您积极主张北伐，这并无不妥，但在对金战争中，我军伤亡惨重，三军将士的白骨遗弃在前线战场上，全国各地都能听到阵亡将士亲人的哀哭声，军中将士也一定对您心存怨恨；在筹划北伐的过程中，您向百姓征收军费，贫苦人几乎无法生存，所以普天下的老百姓也都怨恨您。平章，您以一己之身怎能担当起这么多的怨气仇恨呢？”

韩侂胄听了书生的一番话，不禁大惊失色，汗流浃背。他沉默了一会儿，又猛灌了几杯酒，这才说道：“你我虽是上下级的关系，实际上我待你亲如手足，难道你能见死不救吗？你一定要为我想一个万全之策啊！”

这位书生再三推辞，韩侂胄仗着几分酒意，坚持要他献出良策。书生推脱不过，只好对他说道：“有一个办法，但我恐怕说了也没有什么用处。”

韩侂胄一听有办法，心中不觉一阵狂喜，忙向书生说：“愿听您的一席高论。”

书生诚恳地说：“我也衷心地希望平章您这次能采纳我的建议！当今的皇上不贪恋君位，倒还洒脱，如果您马上为太子设立东宫建制，然后再以尧、舜、禹禅让的事迹劝说皇上传位给太子，那么太子就会感激您而不再怨恨您了。太子一旦即位，皇后就被尊为皇太后，到那个时候，纵然太后还在怨恨您，也无力再报复您了。然后，您趁着辅佐新君的机会，革新朝政。您要追封在流放中死去的贤人君子，抚恤他们的亲族，并把活着的人召回来，让他们在朝中为官，并加以重用，那么您和士大夫们就能和睦相处了。您要安靖边疆，不要轻易发动战争，并重重犒赏全军将士，厚恤死者，这样一来，您与军队间的隔阂就能消除了。此外，您还要削减政府开支，减轻赋税，尤其要取消加在百姓头上的各种苛捐杂税，让百姓能够安居乐业，时常感受到生活的欢乐，那么老百姓就会称颂您了。最后，您再挑选出一位当代的大儒，把平章的职位托付给他，自己告老还乡，功成身退。如果您能做到这些，或许可以转危为安，变祸为福了。”

然而，韩侂胄向来贪恋权位，不肯退位让贤；况且他恢复中原的雄心尚未消除，所以，他明知自己处境险恶，仍不肯急流勇退，他只是想把这个书生强行留在自己身边，以便在遇到困难的时候及时做出应变。不过，这位书生有先见之名，他看到韩侂胄对权位迷恋到不可救药的地步，岂肯受池鱼之殃，所以没过多久就离去了。

后来，韩侂胄对金用兵，史称“开禧北伐”，但很快就全线崩溃，遭到惨败。战事尚未结束，南宋朝廷就向金国求和，金国则把追究首谋北伐的“罪责”作为议和的条件之一。开禧三年，众叛亲离的韩侂胄被杀，他的首级被装在匣子里，送给了金国。那位书生的话果然应验了。

祢衡炫耀自己终被杀

老子阐述了自己的处世思想——谦虚退让、柔弱无为。篇中提到了几类主观而自满的人，如“自见者”“自是者”“自伐者”“自矜者”。这几类人不仅得不到人们的赏识和尊敬，反而还会落得悲惨的下场。所以，无论在什么情况下，我们都应该谦虚谨慎，放低姿态，勤勉做事，低调做人。骄傲自满的人，一般都难得善终，甚至还会给自己带来杀身之祸。三国时候的祢衡，才学甚高，但是他恃才傲物，导致被杀，这个事例就很好说明了人要谦虚退让，柔弱无为的道理。

汉献帝建安初年，曹操想派使者去荆州劝说荆州牧刘表归顺自己。这时，谋士贾诩向他建议道：“刘表喜欢与当代的名士交往，希望您能派一位名士前往荆州，这样就能达到目的了。”曹操认为贾诩的建议很有道理，就向另一个谋士荀攸询问说：“先生觉得可以派谁去呢？”荀攸回答说：“如果能让孔融前往，那是再好不过了！”

孔融是孔子的第二十代孙，担任过北海侯国的相，不但长于文章，而且还慷慨好客，是当时著名的“建安七子”之一。孔融闻名于当世，当然是理想的人选。曹操对荀攸的建议表示赞同，并嘱咐他去请孔融前往荆州做说客。

荀攸到了孔融家中，将事情说明白，孔融听了之后，立刻接口说：“我有一位好友，名叫祢衡，他字正平，才学比我高十倍，足以辅佐天子，更不用说做使者了。”后来，孔融并没有把祢衡直接推荐给曹操，而是向汉献帝上了一个表，把祢衡的才能大大夸耀了一番。献帝把表章交给曹操，曹操看到表章，心里很不高兴，就随便派人把祢衡征召过来。祢衡来到曹操府中，按例向曹操行礼，然而曹操不但没有还礼，还故意不给祢衡安排座位。祢衡向来自负，他一看到这个场面，不觉仰头朝天，长叹一声，说道：“天地虽然这样宽阔，为什么眼前连一个像样的人都找不 到呢？”

曹操一听，非但没有生气，反而自傲地说道：“我身旁有几十位能人，都是当代英雄，你为什么说眼前没有像样的人呢？”

祢衡听罢，笑了一声，说道：“那就请您说给我听听吧！”

曹操捋着胡须，十分得意地说道：“荀攸、郭嘉、程昱见识高远，前朝的萧何、陈平，都比不上他们。张远、许褚、李典、乐进英勇强壮，以前的岑彭、马武，比起荀攸去请孔融，孔融却向他推荐了祢衡。他们来也略有不及。吕虔和满宠替我主管文书，于禁和徐晃担任我的先锋官，夏侯惇是天下的奇才，曹子奇是当世的福将。你怎么能说我手底下没有人才呢？”

听完曹操的一番话，祢衡不禁哈哈大笑起来：“阁下的话一点都不对，您刚才说的这些人，我都认识。荀攸只能看管坟墓；程昱至多能看守大门；郭嘉倒还能读几句辞赋；张辽只配在战场上打打鼓、敲敲锣；许褚大概只能放牛牧马；乐进和李典适合做传令兵；吕虔不过能给人家磨磨刀，铸几支剑；满宠仅能在饮酒方面称得上是个好手；于禁是打砖的泥水匠；徐晃只能杀猪、扒狗；夏侯惇是一个仅能保全性命的将军；曹子奇被人称为”只知道要钱的太守“。其余都是饭袋、酒桶而已！”

祢衡上面这番话，极力讽刺和挖苦曹操，曹操不禁勃然大怒，他对祢衡呵斥道：“你又有什么能耐呢？”祢衡袒胸击鼓，怒斥曹操不爱贤。祢衡毫不客气地回答说：“我，天文地理门门精通；三教九流样样都知道：“辅助天子，可以使他们成为尧、舜一样的圣人；个人道德，可以与孔子、颜渊相比，怎能与这些凡夫俗子相提并论呢？”

这时，张辽就坐在曹操身旁，他听到祢衡的狂妄之语，气得要抽出宝剑来杀掉祢衡，曹操制止住他，讥讽地说道："我现下正缺少一个敲鼓的人，早晚朝贺和宴会，都要有人敲鼓，就让祢衡去做这件事情吧！"

曹操说这席话，本来是想狠狠地把祢衡羞辱一番，没承想祢衡一点也不生气，满口答应了曹操，告辞去了。祢衡退出之后，张辽满腔的愤怒尚未平息，他向曹操问道："祢衡这个人说话如此放肆，为什么不让我杀他？"

曹操笑笑说："这个人在外面有点虚名，我今天杀了他，人家就会议论我容不得人。他不是觉得自己很了不起吗，我就让他敲鼓，好好羞辱他一番吧！"

第二天中午，曹操在丞相府设宴，大厅上坐满了客人。这时，曹操下令让祢衡打鼓为众人助兴。事先，打鼓的人叮嘱祢衡务必要换上新衣，但祢衡却穿着旧衣服走进大厅。祢衡精于音乐，打了一通"渔阳三挝"，格调深沉，音节响亮，发出金石般的声音。听了祢衡的演奏，在座的客人都情绪高涨，感动得流下泪来。这时，曹操的侍从们突然喊道："打鼓的为何不换新衣服？"谁知祢衡竟当着众人的面脱下身上的破旧衣服，赤裸上身站在大厅之上，客人们很吃惊，连忙一齐拂袖遮面。祢衡又慢慢地脱下裤子，一直不动声色。曹操看到这种情形，怒斥祢衡说：“在朝廷的厅堂上，为何这样不懂礼仪？”

祢衡回答说：“眼里没有君主，那才是不懂礼仪。我不过是暴露一下父母恩赐给我的身体，以显示我的清白罢了！”

曹操接过祢衡的话，向他逼问道：“你说你清白，那么谁又是污浊的呢？”

祢衡直指曹操，说道：“你不识人才，是眼浊；不读诗书，是口浊；不听忠言，是耳浊；不通晓古今的知识，是头脑污浊；不能容纳诸侯，是胸襟污浊；挟天子以令诸侯，是心地污浊。我是当世的名士，你下令让我打鼓，这就像当年奸臣阳虎蔑视孔子、小人臧仓诋毁孟子一样。你想成就王霸之业，却这般侮辱人才，难道这样也可以吗？”

祢衡这样犀利地当面辱骂曹操，众人听罢都非常吃惊。曹操此时已经被气得火冒三丈，他本想斩了祢衡，但是又怕背上杀害名士的恶名，所以思量着借他人之手除掉祢衡。只见他装出大度的样子，用手指着祢衡说：“我现在派你出使荆州。如果你能劝降刘表，我就委任你做大官。”祢衡心里明白，刘表是不会归降曹操的，出使荆州多半会凶多吉少，这分明是曹操借刀杀人的伎俩，所以坚决不肯答应。曹操立即传令侍从，要他们备下三匹马，另派两个人挟持祢衡前往荆州。

刘表见曹操派祢衡前来，已经猜到了曹操的用意，他担心曹操把杀害贤人的罪责推到自己头上，就使出一个与曹操同样的计谋，把祢衡送到生性残暴的江夏太守黄祖那里。果然，祢衡在宴席上讥讽黄祖，说黄祖就像是庙里的菩萨，只受香火，可惜并不灵验。黄祖听了之后，立刻把祢衡杀掉了。

陈胜自傲而失败

人不要妄为，妄为是违背自然之道的行为，其必然会导致可怕的后果。陈胜之所以失败，就与妄为有着很大关系。

秦朝的陈胜是穷苦出身，给人家当长工。他曾对穷苦的伙伴们说："苟富贵，无相忘。"身旁的人都笑话他："生来就是这个穷命，还想着有富贵的一天，真是做梦！"陈胜于是慨叹道："燕雀安知鸿鹄之志哉！"令那些穷朋友没有想到的是，后来陈胜真取得了富贵，他领导了中国历史上第一次大规模的农民起义，强有力地撼动了秦王朝的统治，并且建立了张楚政权，自立为王。不幸的是，这场轰轰烈烈的大起义最后失败了。

陈胜的失败当然有着多方面的原因，但是其中很重要的一点就是他这个人太自我，容不得别人。陈胜起义之后，就派遣起义军将领向秦国发动全面进攻。他的手下葛婴攻占了东城，拥立襄强为楚王。后来葛婴听说陈胜自立为楚王后，赶忙杀死了襄强，并亲自向陈胜报告。陈胜怨恨他拥立别人为王，立即杀死了他。

当时，吴广已经包围了荥阳。秦国名将李由驻守荥阳，吴广连续攻打，还是打不下来，非常着急。陈胜得报，召集众多豪杰商量对策。武臣听说陈县的贤士周文曾经在项燕和春申君的手下任职，善于用兵，便任命他为将军，率领军队援助吴广。秦二世得知起义军攻势凶猛，便赦免在骊山服役的罪犯，派遣大将章邯率领，去迎击陈胜的大军。结果起义军大败，大将周文自杀身亡。

与此同时，进攻赵地的武臣却获得胜利。武臣占领了邯郸后，自立为赵王，任命陈馀担任大将军，张耳、召骚分别担任左、右丞相。陈胜知道武臣自立为王的消息之后非常生气，马上囚禁了武臣等人的家属，准备杀死他们。蔡赐劝诫他说："现在我们还没有灭亡秦国，如果杀了武臣的家属的话，等于又多出一个相当于秦国的仇敌，我们不如顺水推舟，做个人情，就封武臣为赵王吧。"

陈胜听从了他的建议，派遣使者到赵国祝贺，同时把武臣等人的家属软禁在宫中，并催促武臣率军西出函谷关支援吴广。但是，武臣并没有服从他的命令。

吴广一直没能攻克荥阳，他手下的将军对他不以为然。将军田臧与其他几个将军谋划，假冒陈胜的命令，杀死了吴广。他们掌握前线军权后，又把吴广的首级进献给陈胜。陈胜无奈，只得任命田臧为上将军。于是田臧派遣部将李归等人驻守荥阳，自己率领精锐部队到敖仓迎战秦军。双方展开了激烈的战斗，结果楚国的军队大败，田臧战死。秦国大将章邯乘胜追击，攻占了荥阳，李归等人也都战死了。章邯又率军攻打郏城，驻守郏城的邓说抵挡不住，逃回了陈县。陈胜一怒之下，处死了邓说。章邯率领大军一路杀来，围攻了陈县，和楚国军队交战，楚军战败，上柱国蔡赐战死。

章邯接着率军进攻驻守在陈县城西的张贺部队。陈胜亲自出城督战，但楚军还是被杀得大败，张贺战死。陈胜见战事不利，只好从陈县撤退。当他走到下城父的时候，他的车夫庄贾杀死了他，然后降了秦国。

陈胜称王之后，从前一位与他一起给人家耕田的伙伴听说了，便来到了陈县。他敲着陈胜的宫门说："我要见陈涉。"宫门守卫要把他抓起来。他反复对守卫解释，守卫放了他，但不肯为他通报。陈胜出门时，他拦住陈胜，直呼其名。陈胜听到后，与他相见，并与他同乘一辆车子回宫。这名伙伴走进陈胜的宫殿，环顾四周，但见殿宇巍峨，摆设华丽，不由惊呼："夥颐！陈涉大王的宫殿高大宽敞啊！""夥"为楚语，意思是"多"，他的这句话传出后，"夥涉为王"的俗语便流传天下。这人住在宫中，时间长了，就随便放肆起来，还常跟人讲陈涉贫贱时的一些往事。有人劝陈胜说："您的客人到处胡说八道，有损您的威严，杀了算了。"陈胜当真就把那人杀死了。陈胜的故旧知交知道后，纷纷离去，没有人再亲近他。陈胜任命朱房、胡武二人做监督官。这两个人把苛刻地寻求群臣的过失作为对陈胜的忠心，外出征战的将领们回到陈县，稍不服从命令，就被他们抓起来治罪。他俩不喜欢的人，如果犯了错，二人不经有关部门审理，就擅自加以惩治。陈胜不仅不阻拦，反而对他们信任有加。早先追随陈胜的将领们也相继背离，陈胜因此而失败。

“内圣外王”的周文王

老子说：“人法地，地法天，天法道，道法自然。”“道法自然”才能成就大事，周文王顺天随化、道法自然而使西周民风淳朴的故事，尤能说明这个道理。

周文王，姓姬名昌，西伯侯季历之子，在位五十年。商纣时为西伯侯，积善行仁，广施恩义，因崇侯虎向纣王进谗言，被囚于羑里，后得释归。

在治岐期间，对内奉行德治，提倡“怀保小民”。对外招贤纳士，许多从其他部落以及从商朝逃来的贤士，他都以礼相待，予以任用。如伯夷、叔齐、太颠、闳夭、散宜生、鬻熊、辛甲等人，都先后归附姬昌，为后来的伐纣大业积累了重要的人才资源。

姬昌自己生活勤俭，穿平民衣服，还亲自到田间劳动，兢兢业业治理自己的国家。岐周在他的治理下，国力日渐强大。后来，姬昌在渭水河边出猎，巧遇年已花甲、怀才不遇的姜尚。文王与他谈话，彼此聊得很投机，因而了解到姜尚确有治国之才，便让姜尚与他同车而归，并任命其为军师，共同筹划灭商策略。姬昌得到姜尚的辅佐，先是调解虞、芮两国的纠纷。第二年出兵伐犬戎，打败西戎诸夷，灭了几个小国。第三年攻打密须（在今甘肃灵台县），解除了北边和西边的威胁。第四年“西伯戡黎（在今山西黎城县）”。第五年伐邗（在今河南沁阳市）。戡黎、伐邗实际上是构成了对商都朝歌的直接威胁。第六年灭崇国（在今陕西户县）。将周的都城由岐山周原东迁至渭水平原，建立沣京（在今陕西长安区沣河西岸）。接着又向南扩展势力至长江、汉江、汝水流域，完成了对商都的钳形包围，周人对商朝已经形成围攻之势。

就在大功即将告成之际，姬昌因操劳过度，不幸死去。死后葬于毕（在今陕西长安区与咸阳之间渭水北岸，境域较广）。但文王已为伐纣作了充分的准备，其子姬发因其前功而出兵伐纣，牧野一战终于打败纣王，灭了商朝，建立了中国历史上著名的西周王朝，文王可谓西周的实际开创者。

中国古人普遍有崇古心理，尊崇上古圣贤之君、效法“三代”之法，是古人津津乐道的话题。

周文王姬昌就是人们心目中的完美形象。孔子称姬昌为“三代之英”，还感慨道：“郁郁乎文哉，吾姬昌拜访姜尚，请他助己灭商。从周！”孟子称姬昌这样的圣人，五百年才出一个。

姬昌继承后稷、公刘开创的事业，仿效祖父古公和父亲季历制定的法度，实行仁政，敬老爱幼，礼贤下士，勤于政事。在其治下，国泰民安，物阜人丰，道不拾移，夜不闭户，父子相亲，人皆礼让。其顺天随化、道法自然而使治下民风淳朴，可谓至德之人，至善之治。

刘备取徐州

老子提出了人、地、天、道，自然合一的观点。在现实之中，人们制定策略的时候，必须从全局出发，不仅要考虑到人的因素，还要兼顾地理、环境、文化等因素，即考虑到事情的天时、地利、人和等因素。刘备占据徐州，就是从人、地、天、道等方面综合进行考虑，认清当时的形势，三辞徐州，避免成为众矢之的。

汉献帝初平四年，时为兖州牧的曹操派遣泰山太守应劭前往琅琊，去迎接其父曹嵩及家人百余口到兖州。当他们途经徐州的时候，徐州牧陶谦为了讨好曹操，特意委派都尉张护护送曹嵩一行。不料张护发动叛乱，杀死曹嵩及其家人，席卷财物而去。曹操听说这件事后，便把账记在陶谦身上。他以为父报仇为名，派兵进攻徐州。

面对曹操大军，陶谦自知难以抵挡，于是接受别驾从事糜竺的建议，请北海相孔融、青州刺史田楷前来解围。孔融得到消息后，又派人去请刘备同去驰援陶谦。刘备欣然答应，于是带领数千人马奔赴徐州。

刘备率军来到徐州城下，正好遇上了曹军于禁部，刘备在城下小试锋芒，初战告捷，暂时缓解了徐州的危机。于是，陶谦将刘备请入城内，对其热情款待。在宴席上，陶谦主动提出将徐州让给刘备，说道："现在天下大乱，您是汉室宗亲，正好应当为汉室出力。在下年迈无能，情愿把徐州让给您。您不要推辞，我马上就上一道表文，申奏朝廷。"刘备听了以后，十分惊愕，急忙推辞说："我虽是汉室苗裔，但不曾立下功劳，任平原相犹恐不称职。我原本是为了义气前来驰援徐州。您这样说，莫非怀疑我有吞并之心？"陶谦说："这是在下推心置腹之言，决非虚情假意。"但是刘备只是推辞，始终不肯接受。

糜竺看到这一情形，便对二人说道："现在敌人兵临城下，应当先商议退敌之策。等击退强敌之后，再来商议这件事吧。"于是刘备写信给曹操，晓以大义，希望曹操撤走围困徐州之兵。恰在此时，吕布攻破兖州，进占濮阳，威胁曹操后方。曹操为了应付吕布，便顺水推舟，卖个人情，撤走了徐州的围兵。徐州之围解除后，陶谦差人请刘备、孔融、田楷等入城聚会。饮宴既毕，陶谦再次以徐州相让。刘备说："我应孔融之约援救徐州，这是为义而来。现在倘若无端占据徐州，天下将会认为我是不义之人。"

糜竺、孔融及关羽、张飞等人都劝刘备答应陶谦的请求。刘备苦苦推辞说："诸位难道想让我陷于不义吗？"陶谦推让再三，见刘备始终不肯接受，便说："如您不肯答应，那就请暂时在近邑小沛驻军，以保徐州，您看怎么样呢？"

众人也都劝刘备于小沛留驻，刘备这才同意。

不久，陶谦染病，日渐沉重，于是派人以商议军务为名，请刘备从小沛赶到徐州。刘备到达之后，陶谦正躺在病榻之上，陶谦对刘备说："今番请您前来，不为别事，只因我病已垂危，朝不保夕，希望您能以汉室为重，接受徐州牌印，那么我死了也能瞑目了！"刘备说："可让您的两位公子接替。"陶谦说："我的两个儿子皆不能胜任。我死了之后，还望您多加教诲，千万不要让他们掌握州中大权。"刘备还是辞让，陶谦便以手指心而死。丧事结束之后，徐州军民极力拥戴刘备治理

徐州，关羽、张飞也再三相劝。至此，刘备这才答应接受徐州大权，担任徐州牧。

刘备"三辞徐州"的事迹，一方面体现了刘备博取仁义忠厚之名、收买民心的良苦用心；一方面当是出于刘备对当时情势的清醒认识。当时的徐州战略地位十分重要，不但曹操正虎视眈眈、兵锋

相向，就连邻近的军阀袁术、吕布、袁绍等人，也都在觊觎着这个战略要地。这些都是潜在的危险。由此可见，当时形势可谓错综复杂，占据徐州，搞不好就会有引火烧身的危险。纵然徐州牧陶谦真心相让，他的部下是否能够心悦诚服呢？这些都是既现实又迫切的问题，刘备不能不充分考虑。事实上，刘备在占据徐州后不久，即先后遭到了曹操、吕布及袁术的进攻，陶谦部下曹豹也反叛刘备。最终，刘备在徐州难以立足，不得不退出徐州，先后依附于袁绍和刘表。当然，具有重要战略地位的徐州，对于刘备来说，毕竟具有很大的诱惑力。所以陶谦一死，在北海相孔融、糜竺及徐州军民的支持下，刘备便不失时机地答应接替陶谦任徐州牧，诱惑终于战胜了顾虑。

高洋昏庸无道

为人君者要以天下苍生为重，要体爱百姓，千万不可轻率躁动，否则就会遭到百姓的唾弃。暴君高洋的故事就深刻说明了这个道理。

高洋是北齐开国皇帝，即位之初颇有作为，他留心政务，整顿吏治，训练军队，加强兵防，使北齐在很短的时间内强盛起来。

然而，到了晚年，高洋性情大变，一改即位初期的励精图治，变得骄奢淫逸起来。高洋在朝堂之上设有一口锅和一把锯，每逢醉酒，必杀人取乐。高洋嗜杀成性，每日不杀人就觉得不舒服，最后竟命司法部门把判决死刑的囚犯送到皇宫，以逞高洋杀人之快。后来杀得太多，死囚不够供应，就把正在审讯中的触法者充数，称为“供御囚”。

高洋非常宠爱歌妓出身的薛贵嫔，还跟她的姐姐私通。有一天，高洋到薛贵嫔的姐姐家去喝酒，薛贵嫔的姐姐仗着高洋的宠爱，求高洋让她的父亲当司徒，高洋大怒，说道：“司徒是朝中的重要官职，哪是你想求便能求到的？”说完便亲自动手用锯子将她锯死。之后，高洋又怀疑薛氏跟大臣高岳有染，便用毒酒毒死了高岳，接着又砍下薛氏的头，把血淋淋的人头藏到怀里参加宴会。

在宴会举行正酣时，突然掏出薛氏的人头，将其抛到桌子上，在座的人无不大惊失色。高洋又把薛氏的尸体肢解，用腿骨做一个琵琶，一面弹一面唱“佳人难再得”。出葬时，高洋还跟随在后面，蓬头垢面，大声哭号。

高洋好大喜功，穷奢极欲，亦为历代所罕见。天保六年，高洋征发180万人修筑长城，建起长城九百里；又在次年九月“发山东寡妇二千六百人以配军士，有夫而滥夺者五分之一”。天保八年四月，高洋到城东骑马射箭，命令所有在京妇女一律到城东观看，“不赴者罪以军法”；同年又征劳力修筑东起乌纥戍西至库洛拔的长城，共长四百余里。天保九年夏，天下大旱，高洋“以求雨不应，毁西门豹祠，崛其冢”，真是荒唐之极！后来又在这一年征发工匠民工共计三十余万人，大筑高台，广起宫室及游乐园。

高洋的倒行逆施、嗜杀成性使北齐成了一个黑暗无比的“人间地狱”。朝政的腐败，国势的衰落，使军队的战斗力也日益衰弱。而腐化的生活，也缩短了高洋的寿命。到了三十岁时，高洋已经不能吃饭了，每天只靠喝几碗酒度日。北齐天保十年，高洋暴毙，时

年仅三十一岁。

高洋在残酷的政治斗争中胜出，建立北齐，割据一方，本该励精图治，小心谨慎。谁料他倒行逆施，不但残害百姓，还放纵自己沉溺于酒色，最后暴毙而亡。为君而轻薄不自爱者，上天便会弃之若草芥，这也是高洋给后人留下的深刻教训。

众叛亲离的楚灵王

老子主张“清静无为”。在老子看来，天地是无为的，天地间的一切事物，都是按照自然界的发展规律变化的，任何凌驾于自然之上的行为都会导致其灭亡。同样，统治者也应当顺应自然，不可任意妄为，否则会招致毁灭。

楚灵王是春秋时期楚国的君主，他原本是楚国公子，因一直不服自己的侄子当楚王，所以与大臣伍举里应外合，杀了当时的楚王自立。楚灵王刚即位的时候，确实干了些惊天动地的大事，先是与诸侯和好，再就是杀了鲁国的奸臣庆封。但时间不长，楚灵王就变得忘乎所以，过起了骄奢淫逸的生活。楚灵王有个独特的癖好，那就是喜欢细腰。楚灵王不管男女，凡是看见腰长得粗的，他就感到讨厌。正因为如此，在选美女进入后宫时，楚灵王的第一个标准就是看谁的腰细，很多宫嫔为了争宠不惜瘦身，甚至因此而饿死。

为了炫耀自己的功绩，楚灵王修建了一座章华台，用以向臣民及诸侯展示自己的威严。章华台刚建成的时候，楚王邀请各国诸侯前来观赏，结果，除了鲁昭公之外，其他各国诸侯都没有来到楚国。楚灵王为表示谢意，特意把一把宝弓赠给了鲁昭公，但是很快就后悔了，于是派一名大臣到昭公居住的馆驿，要回了这把宝弓。伍举听到这件事之后摇头叹道："看来楚王快要灭亡了。"

楚灵王不但喜欢向诸侯炫耀，还恃强凌弱，导致积怨甚多。楚灵王七年，率领楚军灭陈；楚灵王十年，引诱蔡灵侯到申城（楚地，今河南南阳市北），趁其喝醉以伏兵将其杀死，随后让自己的弟弟公子弃疾去围攻蔡国，不久便攻下蔡国。事后，弃疾被册立为蔡公。失去祖国的蔡人痛恨楚灵王，常怀报仇复国之志，蔡国的大夫观从便无时无刻不想着复仇。

楚灵王十一年冬，楚国攻打徐国。灵王率领大军屯于乾谿游猎。这时，大夫观从与流亡国外的楚国公子比（子干）、公子黑肱（子晳）串联起来。观从让公子比去胁迫已被灵王封为"蔡公"的公子弃疾一起举事。由于楚灵王不在国内，所以郢都空虚，观从等人便在郢都举事，没费多大力气便占领了都城。观从等人杀死了楚灵王的两个儿子——太子禄和公子罢敌，拥立公子比为楚王，史称"初王"。初王以公子子晳为令尹，弃疾为司马。

初王即位后，先清除了王宫里的敌对势力，然后命观从率军队前往乾谿，瓦解那里的楚军，宣布说："楚国已有新君主了，先回都城的，可以归还禄位居室、田地资财，后归者将处以割鼻之刑。”观从的这一番鼓动宣传很快产生作用，楚军将士四处溃逃，都背离了楚灵王，回到都城。

灵王听说太子禄被杀，自己坠到车的下面，说道：“一般的人家疼爱自己的儿子也是这样的吗？”两旁侍奉的人回答道：“不止这样。”灵王又说：“我杀别人家的儿子已经够多的了，能不落得这个下场吗？”右尹说：“请大王您回到都城的郊外，听听国人的看法是怎样的。”灵王说：“众人的愤怒是不可冒犯的啊。”右尹说：“暂且先躲避到大县去，然后请求诸侯派援兵吧。”灵王说：“所有人都背叛我了。”右尹又说：“暂且投靠别的诸侯，然后听从大国的安排吧。”灵王答道：“大的福祉不会再来了，只能自取其辱了。”楚灵王乘着船想进入鄢城，右尹料想灵王不会采纳自己的建议，害怕跟着会死，就离开他逃亡去了。

楚灵王在山中独自彷徨，乡野的老百姓都不敢收留他。灵王在途中遇上了原来的涓人（宫中亲近的内侍），向他说道：“请给我一点食物吧，我已经三天没有进食了。”涓人说：“新的君王下达了命令，有谁胆敢给您食物或是跟随您的，都会被诛灭三族，况且这里也没有食物了。”灵王便枕着涓人的大腿躺下睡觉。涓人趁他睡着的时候用土块代替自己的大腿，然后抽出腿来逃跑了。灵王醒了看不到人，饥饿地爬不起来。从前，楚灵王曾对芋邑长官申无宇有恩，申无宇的儿子申亥此时 听说灵王有难，便四处寻找灵王，终于在釐泽遇上了饥饿难当的灵王，把他迎回家中。这年的夏季月癸丑，灵王死在申亥的家中。

楚灵王在位期间，不但修建章华宫炫耀自己的功劳，还穷兵黩武，任意发动战争，结果使自己众叛亲离，不得善终。

勾践忍辱负重而灭吴国

老子提出了知雄守雌、退让谦卑的思想，这也是老子思想的核心内容。在此基础上，老子提出了一系列化解矛盾、消除冲突的方法，即甘守下流，自居柔弱，从而实现自己的目的。老子知雄守雌、退让谦卑的人生态度，对于后世有着很大的影响，越王勾践卧薪尝胆、自甘屈辱的故事，就是对老子这一思想的成功实践。

公元前496年，吴王阖闾趁越国君主新立，政局不稳之机，便发兵攻打越国。越王勾践率军抵抗，吴军遭受挫败，吴王阖闾也受了重伤，回到都城姑苏后，不久就去世了。临死前，阖闾对儿子夫差说："你一定不要忘了报仇呀！"从此，吴国和越国便结下了死仇。夫差果然时刻不忘父仇，他日夜练兵，准备消灭越国。

勾践三年，越王勾践趁着吴国尚未准备妥当的机会，决定先发制人，攻打吴国。这时，大臣范蠡劝阻道："我听说战争是十分残酷的事情，圣人总是在不得已的时候才进行战争。残酷的战争是离心离德的，而争强好胜不过是事情的末节，现在您违背道德，这是上天所忌讳的，对于出战者不但没有好处，而且还非常不利，应该慎之又慎，千万不要轻举妄动呀。”

这时的勾践，年轻气盛，还不知道隐忍之道，所以他回绝了范蠡的建议，态度强硬地说道：“这件事我已经决定了，您就不要再说了。”

于是，勾践调动精兵三万人，北上攻吴，与吴国的军队大战于夫椒。果然不出范蠡所料，这场战事以越军的大败而告终，勾践只率领五千残兵，退守到会稽山，又被吴军团团包围。勾践身陷绝境，眼看就要成为亡国之君了，到了这时，他才知道范蠡的先见之明，于是凄然地对范蠡说道：“我不听先生之言，所以才沦落到了这个地步，现在该怎么办呢？”

范蠡冷静地回答说：“持满而不溢，就能与天同道，这样的话，上天是会保佑我们的；地能衍生万物，人应该节用，这样才会受到地的恩赐；扶持危难，谦卑行事，那么就能与他人同道。为今之计，只有谦卑地献上厚礼，贿赂吴国君臣；倘若吴国不答应，可以屈身侍奉吴王，这是在危难之时不得不做的事情啊。”

勾践无奈，只好派大夫文种前往吴国请求议和。文种到了吴国，“膝行顿首”而对吴王说：“亡国之臣勾践自知罪不可赦，甘愿做吴王的贱臣，而他的妻子甘愿做您的贱妾。”

吴王夫差听了以后，对勾践有所怜悯，便想答应下来。这时，吴国的大夫伍子胥却劝谏夫差道："上天把越国赐给了您，不要答应他们的请求。"伍子胥是两朝元老，不但拥立夫差有功，而且还帮助吴国南征北战，称霸一方，所以夫差对他的话一向是言听计从。伍子胥对勾践求和之事极力反对，所以夫差便没有答应。文种无奈，只好回到会稽山。

勾践闻报，心中绝望，又忘了隐忍之道，便想杀掉自己的妻子儿女，毁掉越国的宝器，然后率领五千残兵与吴王一决雌雄。这时，范蠡、文种劝阻了他。文种劝慰道："吴国的权臣太宰伯嚭贪财，可以以利引诱他。"于是，勾践便下令文种带着美女和宝器去见伯嚭，伯嚭答应了文种的条件，然后带着文种去见吴王。

文种深知如何才能让吴王看不出勾践的志向，所以在见到吴王之后，他说道："我们越国的军队，不值得屈辱大王再来讨伐了，越王愿意把金玉及子女奉献给大王，以酬谢大王的辱临。并请允许把越王的女儿作为大王的婢妾，大夫的女儿作为吴国大夫的婢妾，士的女儿作为吴国士的婢妾，越国的珍宝也全部都带来了；越王将率领整个越国的人，编入大王的军队，一切听从大王的号令。如果大王觉得越王的过错不能宽恕，那么勾践就会把自己的妻子儿女捆绑起来，连同金玉一起投到江里，然后再率领五千残兵与吴国决一死战，真厮杀起来，难免使大王蒙受损失。杀掉一个勾践，怎能比得上获得整个越国呢？请大王好好衡量一下，哪种有利呢？”

这时，太宰伯嚭也在一旁帮腔说道：“越国已经愿意臣服于大王了，如果能够赦免越王，吴国的利处将会很大。”

吴王夫差知道有利可图，就想答应文种。不过，吴国并不是没有清醒的人，大夫伍子胥很清楚，越王勾践不过是想委曲求全，以保存自己的实力罢了，于是他向吴王谏阻道：“不能答应啊。臣听说：‘树立美德越多越好，去除病害越彻底越好。’越王勾践能够亲近他的臣民，注意施行恩惠，施行恩惠就不失民心，亲近民众就不会忘掉有功的人。越国同我们国土相连，又世世代代结为仇敌。我们打败了越国不把它根除，却要保留它，这就违背了天意而助长了仇敌，日后即使后悔，也无法将其消灭。”尽管伍子胥晓以利害，但是，吴王夫差已经被利欲蒙蔽了心智，再加上伯嚭在一旁进谗言，所以他根本就听不进伍子胥的忠言，终于和越国讲和，罢兵而还。

吴国退兵以后，勾践率领群臣回到越国，他把越国的政事交托给文种，然后带着夫人、孩子和范蠡以及三百官吏到了吴国，当即向吴王进献了大批的宝物和美女，并低声下气地极力奉承献媚。

再经太宰伯嚭从一旁帮腔，吴王不但把杀父之仇忘得干净，还原谅了勾践发动战事的过错。

吴王夫差让勾践夫妇留在吴都姑苏，让他们住在阖闾墓前的一间石室里，并让勾践给他养马，这当然是对勾践的一种羞辱和惩罚了。夫差之所以把勾践留在都城，主要是为了观察他是不是真心臣服于自己。夫差每次出行的时候，便让勾践在前面为他牵马，街道上的人看到勾践牵马，都在一旁指指点点，不住地嘲笑勾践。勾践把这一切屈辱都埋在心底，夫妇二人每天都蓬头垢面，出入石室，尽心尽力地给夫差喂养马匹，见到夫差时，更是奴颜婢膝，似乎甘愿做夫差的奴仆。

勾践夫妇在吴国住了三年，在这三年之中，勾践把自己的复仇之心始终埋藏在心底。夫差见勾践十分依顺自己，不但对他毫无怨气了，反而觉得这对夫妇十分可怜，便有心放勾践夫妇回国，却因遭到伍子胥的反对而作罢。在这期间，文种又多次派人给伯嚭送礼，让他不断替勾践说情。

有一次，勾践听说夫差生病了，就托伯嚭带话，说他听说大王病了，想去问候一下。夫差听说勾践想探望自己，就答应了。伯嚭带着勾践进了夫差的内房，正赶上夫差要大便，勾践就急忙赶过去搀扶着他。夫差叫勾践出去，勾践却回答说：“父亲有病，做儿子的理当服侍；君王有病，做臣子的也理当服侍。再说，我还有个小经验，只要尝尝大王的粪便，就能知道大王的病是轻是重了。”

夫差心里很高应，就不再拒绝了。夫差上完大便，勾践扶着夫差上床躺好，然后背过身去，掀开马桶盖取粪尝味，然后向夫差磕头道：“恭喜大王！您的病已经没什么危险了。再过几天，就会完全好的。”夫差疑惑地问道：“你是怎么知道的？”勾践回答说：“刚才我尝了大王的粪便，知道您肚子里的毒气已经发散出来了，这样的话，病不就快好了吗？”夫差看到勾践如此细心地服侍自己，反倒觉得有些过意不去了，他就对勾践说：“你待我很好。等我的病好了，一定放你回到越国。”

正是由于勾践如此周到地侍奉夫差，再加上伯嚭不停地报告夫差说越国十分平静，没有一点反叛吴国的迹象，所以夫差就完全放下了戒心，以为越国对吴国没有任何威胁了。

公元前491年，夫差亲自送勾践夫妇上了车，范蠡拉着缰绳，主仆三人回到了越国。结束了三年的拘役生活，勾践终于回到了自己的故国。这时，越国百废待兴，于是勾践就向大夫范蠡询问振兴越国的道理，范蠡说道：“天时、人事都是不断变化的，所以制定方针、政策要因时而定。”范蠡接着说到了自己关于复兴越国内政方面的建议。他强调首先要调动老百姓的生产积极性，积蓄力量，以实现富国强兵。他还规劝越王及夫人身体力行，也应从事具体劳动，给全国的百姓做好榜样，让他们勤于耕作，这样一来，国家的财政和粮食才能充实起来。此外，范蠡还主张要礼待弱小国家，对于强国，应当采取柔顺的态度，但这并不意味着屈服。范蠡最后说：“但愿大王时刻都不要忘记石室之苦，这样的话越国才能得到振兴，而吴国的仇也就可以报了！”

勾践听罢，十分赞同范蠡的话，于是立即下令：“由文种主持国政，范蠡整治军队。而勾践自己也苦身劳心，发愤图强，睡觉不用床褥，积薪而卧。另外，他又在坐卧之处悬挂苦胆，饮食起居，一定要先品尝苦胆的滋味。夜里常常暗自流泪，恨恨地自言自语道：“勾践，你忘了会稽之耻了吗？”同时，他礼贤下士，敬老恤贫，得到了越国百姓的拥护。他还奖励生育，积聚财物，训练士卒，修缮甲兵，一直不敢懈怠。在对待吴国的态度上，他表面仍极尽奉承之事，又令范蠡到民间选了美女西施、郑旦，遣香车送给吴王。他还引诱吴王大兴土木，建造亭台楼阁，使吴王沉湎于酒色犬马之中。同时，勾践又暗中勾结楚国，联合齐国，依附晋国，最大限度地孤立吴国。

勾践十二年，越国民殷国富，勾践觉得自己力量强大了，便要找吴国报仇，一雪会稽之耻。这时，范蠡认为时机还没成熟，就谏阻说："越国虽然尽心人事，但是还没到灭吴的时候，勉强去求成功，这对越国来说是极为不利的。"大夫逢同也不赞成伐吴之举，勾践接受了他们的意见，只得仍旧隐忍不发。

又过了几年，吴国府库空虚，军队的战斗力也大不如前，可是还有一道障碍，那就是夫差的股肱之臣伍子胥。伍子胥经常在夫差面前陈说越国的威胁，但是夫差此时宠信太宰伯嚭，已经渐渐疏远伍子胥。这时，正赶上吴国与齐国的战事，越王勾践希望吴国能在这场战事中虚耗国力，就亲率官员到吴国来朝贺，赠送大批礼物，还答应派出三千甲兵随吴王出征。伍子胥再次劝谏夫差，说越国才是吴国的腹心之疾，建议夫差不应该伐齐，而是应当灭越。夫差根本不听伍子胥的忠告。伍子胥只得叹道："大王不听臣的忠言，再过三年，吴国就变成废墟了。"夫差听了伍子胥的怨言，十分恼怒，伯嚭趁机在夫差面前中伤伍子胥，夫差便派人赐给伍子胥一把宝剑，命他自尽。伍子胥当着使者的面，慨叹地说道："我辅佐先王成为霸主，我又辅佐大王做了吴王，大王当年答应要把吴国分一半给我，我当然不敢奢望，可大王怎能让我自杀啊？”说完便横剑自尽了。

伍子胥死后，吴国朝政更加腐败。这时，勾践再次召见范蠡，问道：“现在伍子胥已死，吴王身边尽是阿谀之徒，我是不是可以讨伐吴国了？”范蠡说：“反常的迹象虽已露出萌芽，但从天地的整体来看，吴国灭亡的征兆还不明显。”

公元前482年，吴王夫差率领吴国的全部精兵北上，到卫国黄池大会诸侯，试图谋夺中原霸主的位子，而国中仅留下太子友及老弱病残留守。勾践和范蠡认为时机已经成熟了，于是率领军队攻打吴国。越国十年生聚，十年教训，一朝出手，势不可挡，范蠡很快攻下了吴国都城姑苏。夫差在黄池听到消息后，仓皇班师回国。后来，吴、越之间又进行了几次战争，吴国再也无法对抗越国了，公元前473年，吴王夫差日暮穷途，在姑苏城破之时，横剑自刎。勾践经过近二十年的励精图治，终于灭掉了吴国。

贾诩的明哲保身之道

老子说："知其雄，守其雌，为天下谿。"知雄守雌才是明哲保身之道，我们从贾诩的事迹中可以看出这个道理。

贾诩是三国时期的名士，其为人深谋远虑，胸怀韬略，奇计百出，算无遗策。

曹操击败袁术后，商议征讨张绣。当时贾诩是张绣的谋士，他设计让曹操中伏，使其损失五万兵马，曹军将领于禁、吕虔亦受了重伤。

后来贾诩随张绣一同归顺了曹操，从此成为曹操最重要的谋士之一。曹操对贾诩很是信赖。然而贾诩并没有因为得到曹操的赏识而得意忘形。他认为自己并非曹操旧臣，担心受曹操猜忌，所以万事小心谨慎，尽量做到明哲保身。每次上朝结束，贾诩马上回家，并关上门户，从来不与别人私下交往。除了拿自己应得的俸禄，外财分毫不取。不仅如此，他还不准自己的子女与权贵结亲。在魏文帝曹丕当政之时，贾诩因功被委以太尉重任。但是贾诩并没有居功自傲，依旧过着恬淡的生活。

纵观贾诩一生、其为人和为官，都以谦和婉转为主。如建安十三年谏曹操征孙权、刘备，尽管他不同意曹操的方略，但所用语言并不激烈，让人听了也不觉得刺耳，而且所说皆切中要害。又如关于曹操询问立太子一事，他在曹操屏退左右、深处密室无人知道的情况下，却也不明言该立曹丕还是曹植，只用“思袁本初、刘景升父子也”作答，启发曹操自己定夺，可谓微妙入化。

贾诩身处乱世，又处在权力斗争的中心位置，故而步步为营，小心谨慎，深谙明哲保身的道理，所以才能寿终正寝，死时年七十七岁，谥曰肃侯。

反观同时代的杨修，其为人锋芒毕露，不知收敛，以才智自恃，以傲物为达，处处张扬，事事显能，结果引起曹操的猜忌和愤恨，最终为曹操所杀，为后人所深切叹惋。

不得善终的暴君侯景

“天下”是神圣的东西，不能凭自己的主观意愿采用强制的办法。用强力施为的，一定会失败。南北朝时期的“侯景之乱”就很好地说明这个道理。

南北朝时期，南方与北方长期对峙，而南朝和北朝各国的内部，统治阶级也是相互倾轧，不断杀伐，致使国无宁日，民不聊生。就在山河破碎、生灵涂炭的时期，在南朝梁武帝萧衍末年，爆发了一场长达四年之久的叛乱，因这场叛乱的发动者是投降梁国的东魏将领侯景，故史称“侯景之乱”。

侯景是北方怀朔镇人，羯族，他是个反复无常的人。侯景生性野蛮，少时顽劣不羁，长大后骁勇善战，精骑善射。他曾参加过葛荣领导的六镇起义，先后投靠北魏权臣尔朱荣与高欢，成为北魏手握重兵的大将。

公元547年，侯景与东魏权臣高澄发生矛盾，于是献上河南十三州投降了西魏。西魏丞相宇文泰接受了他的投降，但宇文泰深知侯景狡诈多变，便采取陆续接管的稳进策略，渐次接收侯景献给的十三州。同时，又召侯景入长安，企图解除其兵权。这时，东魏高澄派慕容绍宗率兵向侯景进逼，侯景在东、西魏的夹攻下，转而向南方的梁朝投降。

梁武帝萧衍想借助侯景之力恢复中原，就接纳了侯景，封他为大将军、河南王，没想到这竟是引狼入室之举。梁武帝派他的侄子萧渊明率军北上，以接应侯景。但由于萧渊明根本不懂军事，结果被东魏打得大败，萧渊明也被活捉。侯景被慕容绍宗打败后，驻在寿阳（今安徽省寿县）。后来梁朝与东魏议和，打算用侯景换回萧渊明。

侯景本有作乱之心，遂暗中勾结一心想篡位的梁武帝之侄萧正德做内应。先前梁武帝无子，便以其弟萧宏之子萧正德为子，后来生下儿子萧统，便将萧正德送还萧宏，但萧正德认为自己应该承继大统，所以对梁武帝非常不满。侯景便以帝位相诱，勾结萧正德共同叛乱。

梁武帝不知内情，还派萧正德为平北将军。由于侯景得到萧正德准备好的船只，因此顺利渡过长江。萧正德权欲熏心，迎侯景进入建康（今江苏南京），侯景集中兵力围攻建康中心台城。侯景纵兵抢掠，又命北人被没为奴者，皆令放免，并加以任用。侯景过江时兵不过八千，马不过数百，而当时台城中尚有十余万人，甲士两万多，四方援军相继奔赴建康者三十余万。但援军无统一指挥，多持观望态度，宗室诸王停驻不前，只想保存实力以夺取皇位。台城被围一百三十多天，粮食断绝，疫病流行。结果在太清三年三月，侯景攻陷台城。城破之时，城中只剩下二三千人，尸骸堆积，血流漂杵，惨不忍睹。

侯景攻破台城后，把梁武帝萧衍囚禁起来。待控制朝廷后，马上杀掉萧正德，不久，八十六岁的老皇帝也被活活饿死。侯景先立萧纲为帝，不久废杀，又改立萧栋，很快也把其废掉了。

公元551年，侯景自立为汉帝，大杀萧衍后代，萧梁政权瓦解。这时侯景也日益暴露出其本来的凶狠面目，其用兵施政十分残酷，派人到处焚掠，视人命如草芥。为了镇压江南人民的反抗，侯景专以屠杀和酷刑树威。侯景嗜杀成性，在吃饭的时候杀人，本人仍谈笑风生；其酷刑有断手断足、割舌劓鼻等。

由于侯景的残暴统治，激起了江南人民的强烈反抗，一些梁朝将领和地主土豪纷纷起兵反抗侯景。同一年，侯景进攻占据江陵的萧绎受挫。公元552年，梁将陈霸先、王僧辨等，乘胜顺江东下，再败侯景于建康。侯景乘船出逃，被部下杀死在船中。至此，危害江南四年之久的“侯景之乱”终于结束了。

经过侯景之乱，建康这个南北各四十里，拥有二十八万人口的繁华都市，变成了一片废墟。侯景还分兵攻掠吴郡、会稽、广陵等地，一路烧杀抢掠，使富庶的长江下游地区“千里绝烟，人迹罕见，白骨成聚，如丘陇焉”（《南史·侯景传》）。江南人民和萧衍朝野，对侯景的暴行，无不恨之入骨，因此，侯景的尸体被运到江陵时，士民纷纷割其肉争食，又焚尸取灰，和酒而饮，以解心头之恨。

侯景狼戾不仁，嗜杀成性，滥杀无辜，胡作非为，其统治之残暴，手段之残忍，令人发指。古语有言：“多行不义必自毙！”侯景作为杀人屠夫，最后落得身死人手的下场，可谓死有余辜，最终亦遗臭万年。

廉洁奉公的吴隐之

老子主张“去奢”的思想。在中国历史上，曾经涌现出诸如晏子、杨震、于成龙等尚俭去奢的廉吏，历来为后人所称道。奢侈是十分危险的东西，它腐蚀人的灵魂，能使人引火上身。所以，去奢的思想至今仍具有很大意义。

吴隐之，字处默，濮阳郡鄄城县人。家境贫寒，但品性孤高，且操守清廉。他入仕几十年，中间皇帝换了好几个，将相公卿也更换了许多。但是，吴隐之却能在仕宦生涯里一直身居要职。很多人都认为他运气好。其实主要原因是他能做到戒除贪欲，恪守操行，所以才能仕途顺畅，且深受百姓爱戴。

东晋隆安三年，朝廷任命吴隐之为龙骧将军、广州刺史。魏晋时代的广州，北有五岭，南临大海，治所在今天的番禺，管辖现在两广的绝大部分地区。这里山明水秀，所产南珠等各种珍宝更是驰名中外，史称“一箧之宝，可资数世”。

吴隐之接到任命后，立即携带家眷赶赴广州。他们一路跋山涉水，风餐露宿，这一日终于抵达了离广州二十里远的石门。石门下激石远处有一泓泉水，据说凡是饮过此泉水的人，没有不陡起贪念的，所以人们称其为“贪泉”。贪泉臭名远扬，几乎没有人不知道它，当地居民又添油加醋，宣称只要喝上一滴贪泉水，心里就会燃气贪欲之火，连超脱尘世、仙风道骨的人也不能避免。对于这一传言，当时的人均深信不疑。自命清高的过客路过石门，远远避开贪泉，生怕玷污了自己的清名；利欲熏心的奸邪小人，也假装成正人君子，一闻到贪泉之名，就掩耳捂鼻。在一般人看来，岭南之所以贪污成风，就是因为这里有贪泉的缘故。吴隐之听到这个传说，一点也不相信，他对亲人说：“不见可欲，使心不乱。岭南官吏贪污成风的缘由，我已经明白了。”于是，他从容地走到贪泉旁边，俯下身来舀起一杯泉水，“咕嘟咕嘟”喝下肚去，就像痛饮美酒一样。喝完之后，他感觉除了甘甜可口之外，也没有什么特殊的感觉。吴隐之微微一笑，当即赋诗曰：“

古人云此水，一歃怀千金。

试使夷齐饮，终当不易心。

“歃”指的是用嘴吸饮。“夷齐”指的是伯夷、叔齐，此二人为殷商王族，商朝末年他们互相让国，商朝灭亡后，二人坚守节操，不食周粟，最终饿死于首阳山。全诗大意是：“古人说这泉水，只要一口沾唇就会陡起贪念，就会想得到千金。假如伯夷、叔齐来到这里，不管怎么饮酒，他们那忠贞之心，也绝不会改变分毫！吴隐之一语道破了他喝贪泉水而不改变节操的真谛。因此，人贪与不贪，不在于喝没喝“贪泉”水，而在于自己节操是否清廉。

果然，吴隐之在广州任职期间不但没有变得贪婪，反而更加清廉了。尽管广州佳果终年不绝，但是他尽吃些蔬菜和干鱼，平时的生活十分节俭。最初的时候，当地百姓和官员还以为他故意装装样子，以显示自己的俭朴。时间一长，众人才知道他的的确确是个大清官，并没有演戏装样子。

由于吴隐之廉洁奉公，广州的贪腐之风很快就扭转过来了。朝廷为了嘉奖吴隐之，就提升他为前将军。吴隐之不仅自己克俭去奢，而且还要求妻儿保持勤俭的节操，其感人事迹数不胜数，

这里只举出其中一例。那还是在孝武帝时期，卫将军谢石闻得吴隐之的大名，特意奏请皇上让吴隐之做将军府的主簿。有一天，谢石听说吴隐之的女儿即将结婚，他知道吴隐之向来清廉俭朴，嫁女一定不会大肆铺张，更不会置办多少嫁妆，所以特地派人将自家厨具、纬帐等搬到吴隐之的家中。当使者到达隐之家门口的时候，刚好碰见一个小丫头牵着一条狗往外跑，院子里寂静无声，什么动

静也没有。他心里直纳闷，还以为走错了大门，于是拦住小丫头问道：“请问这是吴主簿的家吗？”小丫头回答：“是呀！”使者又问：“贵府小姐今天要出嫁吗？”回答说：“是呀！”使者又用眼睛向院子里扫了一圈，大惑不解，便向小丫头说道：“怎么府中如此冷清，什么都没有置办啊？”小丫头没等使者说完，便向他摆摆手说：“对不起，我要出门卖狗去了！”使者急忙喊道：“你去卖狗干什么？”小丫头冲他笑笑说：“先前不是告诉您了吗？我家小姐今日要成亲，家里急等着钱用呢！”说完就跑了，使者大吃一惊，愣了一会儿，转身就跑回到将军府，向谢石和府中的官吏报告这桩“特大新闻”。

吴隐之告老退休，直至逝世，屡屡受到朝廷的褒奖和赏赐，并赐予显要的官职，廉洁的士大夫无不以此为荣。吴隐之凭着自己的清正廉洁，换来了世人的尊敬。

唐朝平定安史之乱

“师之所处，荆棘生焉。大军之后，必有凶年。”这两句话说的是战争过后给百姓和社会所带来的灾难。春秋战国时期，战争连绵不断，百姓苦不堪言。老子身逢乱世，深刻认识到战争的残酷，所以对战争充满了厌恶之感。老子还认为，如果战争无法避免，那么只要达到目的就可以，不必滥用武力，否则就会引火上身，落得悲惨的下场。

唐代开元后期，唐玄宗逐渐丧失了以前那种向上求治的精神，他任用“口蜜腹剑”的李林甫为相，朝政日益腐败。李林甫善于逢迎，事事迎合玄宗的心意，私下却利用职权，大施淫威，独断专横。玄宗改元天宝之后，更加纵情享乐，他宠爱杨贵妃，信任宦官高力士，后来还把朝政全交给杨贵妃的堂兄杨国忠处理。杨国忠在李林甫死后，继任为宰相，他排斥异己，贪污受贿，使朝政更加败坏。再加上当时土地兼并严重，农民生活艰难，政治、经济、社会渐呈衰败之象，这让安禄山有了可乘之机。

安禄山生性奸诈，却在外人面前表现得很忠诚。安禄山善于逢迎，入朝不久即赢得唐玄宗和杨贵妃的欢心，身兼范阳（今北京西南）、河东（今山西太原）、平卢（今辽宁锦州西）三镇节度使，成为雄霸一方的大军阀。天宝后期，安禄山看到唐玄宗荒废政事，内地兵力空虚，于是产生了“取而代之”的野心。为了颠覆李氏江山，唐玄宗宠幸杨贵妃，不理政事。他一方面经常到长安朝见玄宗，装出极其恭顺的样子，以骗得唐玄宗的宠信；另一方面却暗地里在河北老巢积蓄力量，在范阳城北建筑雄武城，广招兵马。经过十年准备，安禄山于天宝十四载串通部将史思明，以讨伐杨国忠为名，从范阳起兵，率众反唐。

“安史之乱”爆发后，安禄山率领十五万叛兵一路南下，很快攻陷藁城、陈留、荥阳，直逼洛阳。唐玄宗大为震惊，急忙下令荣王李琬、右金吾大将军高仙芝讨伐叛军。叛将田承嗣、安守忠进攻洛阳，守军抵挡不住叛军骑兵的冲杀，大败溃逃，叛军占领洛阳。紧接着，叛军乘胜追击高仙芝军队，唐军大乱，很多兵士被人马践踏而死。后来，唐军退守潼关，这才阻挡住了叛军西进的脚步。在河北，平原太守颜真卿、常山太守颜杲卿率众阻击叛军。史思明亲自率兵攻打常山，颜杲卿昼夜拒战，终因寡不敌众、粮尽无援而失败。城陷之后，颜杲卿全家三十余人被害。常山之战虽然失败，却牵制了叛军的兵力，致使安禄山攻打潼关受挫，从而减轻了关中的压力。

天宝十五载正月，安禄山在洛阳称帝，国号大燕，并下令西进夺取长安。唐玄宗随即任命河西陇右节度使哥舒翰为兵马副元帅，令其固守潼关。哥舒翰根据敌强我弱的情势，决定采用以逸待劳战术，阻击叛军，待时机成熟再与叛军决战。但是玄宗屡次催促他出战，无奈之下，哥舒翰只得出关迎击叛军，结果唐军大败，哥舒翰力战被俘，投降了安禄山。潼关失陷以后，长安已无险可守，玄宗仓皇逃往蜀地。安禄山兵进长安，纵兵劫掠，掳走百官、宫女、宦官，一起押赴洛阳。

当叛兵攻下长安时，太子李亨逃到灵武，即位称帝，李亨就是唐肃宗。肃宗整军经武，准备收复长安、洛阳，中兴唐朝。唐将郭子仪率领五万大军赶赴灵武，李光弼也率众前往太原抗击叛军，肃宗政权这才稳定下来。然而，李亨任用志大才疏的房绾谋划军国大事，命他率兵收复二京，房绾于是分兵三路，进攻长安。房绾攻打长安时，采用古代车战之法，排出两千辆牛车，两翼由步兵和骑兵掩护，与叛军安守忠部在咸阳附近作战。安守忠见到唐军的阵势，就乘风纵火，拉车的老牛见到火，吓得四处逃窜，唐军在这一战中死伤四万余众，部将杨希文、刘贵哲投降叛军，房绾只带数千人逃归灵武。

在抗击安史叛军的过程中，影响最大的是太原之战和睢阳之战。

至德二年正月，叛军发生内乱，安禄山为其子安庆绪所杀。这年，史思明、蔡希德率领十万大军分两路围攻太原，试图在攻下太原后，长驱朔方，消灭肃宗政权。唐将李光弼率领军民在城外挖掘壕沟，在城内修筑堡垒，凭险固守太原。

史思明率骁骑兵攻击太原，命令军队东西夹击，南北接应，又造云梯、土山攻城，双方对峙一个多月，难分胜负。这时，李光弼募人挖地道通到城外，叛军攻城的人马云梯全都陷入地道之中。

他又制造威力巨大的大炮，与叛军交战，歼敌两万余人。史思明损失惨重，这才率军稍稍后退。李光弼又命偏将诈降，亲自率军挖掘地洞，严阵以待，史思明正准备受降，突然传来一声巨响，叛兵千余人陷入地洞，顿时大乱，李光弼趁势率军杀出，又杀敌万余。史思明再遭挫败，只留下蔡希德攻城，自己却逃回范阳。李光弼选出敢死士攻击蔡希德，杀敌七万人，叛军溃败而逃，唐军取得了太原保卫战的胜利。

与此同时，安庆绪命令尹子奇率兵十三万攻打睢阳（今河南商丘市南），睢阳守将许远势单力薄，于是急忙向守卫雍丘（今河南杞县）、宁陵的张巡求援。张巡收到消息后，自宁陵率兵进入睢阳城，与许远共同御敌。二人齐心协力，张巡在前线指挥作战，许远调集军粮，修造战具，尽管唐军只有六千余人，但士气高涨，他们昼夜苦战，有时一天作战二十次，最终杀敌两万余人。尹子奇见唐军防守坚固，就下令率军回撤。三、四月间，尹子奇再度围攻睢阳。面对强敌，张巡杀牛飨军，士卒感奋，全部出战。张巡率军出城，叛军见唐军人少，有些麻痹大意，张巡趁机冲入敌阵，斩杀叛将三十余人，兵士三千人，追杀数十里，大获全胜。此后，双方相持于睢阳，张巡命令士兵夜间在城上列队击鼓，假装要与叛军决战。叛军果然上当，一夜不敢休息，唐军则在白天息鼓休整。这样连续好几天，尹子奇不复防备，张巡率领部将南齐云、雷万春等十余名将领突袭叛军军营，一直冲入尹子奇的大帐之中，南齐云见到尹子奇，搭起弓箭朝他射了一箭，射中尹子奇的左眼，差点将其活捉。尹子奇侥幸逃脱，慌忙率兵撤离。在这次战斗中，唐军斩杀敌将五十余人，兵士五千余人。七月，尹子奇第三次围攻睢阳，唐军因伤亡无法补充，外面又没有援兵，张巡只好固守拒敌。叛军用云梯、木驴、土囊攻城，张巡随机应变，想方设法消灭敌人，迫使尹子奇做长期围困的计划。经过数月苦战，唐军仅剩六百余人，孤立无援。无奈之下，张巡命南齐云突围出城，赶赴临淮（今安徽泗县东南）向贺兰进明求援，但贺兰进明拒绝张巡的请求，拒不发兵。此时，睢阳城中粮食已经吃光了，唐军将士力竭不能出战，叛军趁机拼命攻城，睢阳终于失陷了。叛军进城后，杀害了张巡、南齐云、雷万春等三十六名守将，许远则被押赴洛阳。

太原和睢阳保卫战，牵制了叛军大量兵力，起到了扭转战局的作用。与此同时，唐将郭子仪率众攻下凤翔，平定河东，肃宗由灵武来到凤翔，会集陇右、安西和西域之兵，又向回纥借兵，准备收复长安和洛阳。至德二年九月，唐将李嗣业、郭子仪、王恩礼分兵三路，进攻长安，李唐将张巡固守城池拒叛军。

安史之乱持续八年之久，最终被平定。

归仁率领叛军前去迎战。唐军初战不利，遭到叛军的顽强抵抗。为扭转局面，李嗣业袒胸持刀，身先士卒，奋勇杀敌。唐将王难得额头中箭，肉皮下翻遮住了眼，血流满面，但他依旧奋不顾身，直入敌阵。与此同时，唐将仆固怀恩和回纥兵又联合击败叛军的伏兵，歼敌六万余众。叛军不能抵挡，纷纷溃逃，唐军乘胜收复长安。不久，广平王李俶与回纥王叶护、唐将郭子仪等率军进攻洛阳，安庆绪杀死已被俘获的哥舒翰、许远等人，然后仓皇逃回河北，唐军收复洛阳。

乾元二年，叛军再次发生内乱。史思明杀死安庆绪，自称大圣燕王，继而从范阳率河北诸郡兵南下攻打汴州，汴州守将许叔冀出降。史思明进攻郑州。唐将李光弼在河阳抵御抗击。史思明攻打河阳，命勇将刘龙仙出战，结果为唐将白素德所杀，叛军惊恐。这时，唐军又烧毁了叛军分布在黄河中的船只，在水面上搭建浮桥，在上面布置火炮，炮击叛军，叛军死伤惨重。叛将高庭晖、李日越、董秦率众投降唐军。史思明亲自率兵进攻河阳，命令周挚主攻北城。唐将李抱玉、荔非元礼、仆固怀恩等坚决抵抗，斩杀叛军千余人，俘敌五百余人，周挚遁逃。史思明见大势已去，便率领残军撤走了。

上元二年三月，史思明之子史朝义弑父，并自立为帝。

史朝义率兵攻打宋州（今河南商丘市），宋州守将田神功誓死抵抗，终于打退叛军。宝应元年，唐代宗即位，任命雍王李适为天下兵马元帅，仆固怀恩为副元帅，协同李光弼进攻洛阳，讨伐史朝义。唐军在洛阳北郊大败叛军，史朝义退守河北，在贝州（今河北清河县）又为唐将仆固炀所败。宝应二年，史朝义逃回老巢范阳，穷困自杀，持续八年的安史之乱终于被平定了。

安史之乱是中唐社会矛盾的产物。安禄山攻陷长安后，日夜纵酒为乐，这给唐军重整旗鼓留下了充足的时间。后来，唐将颜杲卿、张巡、郭子仪、李光弼等力阻叛军，不但消灭了敌军有生力量，而且稳住了战局，为唐军实施战略反攻，并最终平定叛乱准备了条件。

祭公谏征犬戎

老子认为战争行为是有悖大道的，为得道之人所深恶痛绝。祭公劝周穆王不征伐犬戎的事迹，就是对老子“恬淡为上”观点的集中体现。

犬戎是古戎族的一支。殷周时期，犬戎在泾水、渭水流域游牧，经常骚扰中原地区。周文王的时候，曾对犬戎用兵，并将其打败。周穆王时，犬戎的势力日益强大，不但阻碍了中原地区与其他方国部落的往来，也极大威胁着周朝统治。

周穆王十二年，犬戎倚仗自己兵强马壮，拒绝向周朝纳贡。周穆王听说这件事后，十分生气，决定亲自率兵征伐犬戎。大臣祭公谋父听说之后，赶紧向周穆王进谏。

祭公谋父说道：“现在国泰民安，大王为什么要征伐犬戎？”

周穆王理直气壮地说道：“犬戎时常骚扰边境，还拒绝向周朝纳贡。我身为周朝的天子，怎能容忍这样的事呢？”

祭公谋父劝阻说：“不可以征伐犬戎。先王历来发扬德治，不炫耀武力。军队在平时应该保存实力，在适当的时候动用，一旦动用就要显出威势。炫耀等于滥用，滥用便没有了威慑力。”所以周文公作《颂》说：“收起干戈，藏起弓箭。我追求美好的德行，施行于华夏。相信我王定能保有天命！’先王对于百姓，勉励他们端正品德，使他们性情纯厚，丰富他们的财物，便利他们的器用；使他们了解利害之所在，再用礼法道德教导，使他们从事有利的事情而避免有害的事情，使他们感怀德治而又惧怕君王的威严，所以能够使先王的事业世代相传并且变得强大。”过去我们的祖先后稷做了主管农业的官员，服侍虞、夏两朝。到夏朝衰败的时候，废除了农官，我祖不窋因此失掉官职，逃到西北少数民族中。但他对农业仍然不敢怠慢，时常宣扬祖先的美德，继续奉行他的事业，修明教化制度，早晚恭敬勤劳，保持敦厚诚恳，奉行忠实守信的原则，不窋的后世子孙一直保持着这些良好的品德，并不曾辱没前人。到武王的时候，他发扬前人光明磊落的德行，再加上慈爱和善，侍奉神明，保养百姓，没有人不为之喜悦的。商纣王对百姓极为暴虐，百姓不能忍受，都乐于拥护武王，就有了商郊的牧野之战。这不是武王崇尚武力，他是怜恤百姓之苦而为他们除掉祸害啊。”

周穆王听了祭公谋父的话，感到很不高兴，但还是耐着性子说：“话虽然这么说，但犬戎生性野蛮，一日不除，后患无穷。我意已决，出兵犬戎，你不必再劝了。”

谋父又劝阻道：“先王的制度是：王都近郊叫甸服，城郊以外叫侯服，侯服以外叫宾服，蛮夷地区叫要服，戎、狄所居之地叫荒服。甸服的诸侯要参加天子对父亲、祖父的祭祀，侯服的诸侯要参加天子对高祖、曾祖的祭祀，宾服的君长要贡献周王始祖的祭物，要服的君长则要贡献周王对远祖以及天地之神的祭物，荒服的首领则要来朝见天子。祭祀祖父、父亲，是每天一次；祭祀曾祖、高祖，是每月一次；祭祀始祖，是每季一次；祭祀远祖、神灵，是每年一次；入朝见天子，是终身一次。这是先王的遗训。有不来日祭的，天子就应该检查自己的思想；有不来月祭的，天子就应该检查自己的言语；有不来季祭的，天子就应该搞好政令教化；有不来岁贡的，天子就应该修正尊卑名号；有不来朝见的，天子就应该检查自己的德行。依次检查完了，如果还有不来朝见的，就检查刑法。因此用刑法惩治不祭的，用军队讨伐不祀的，命令诸侯征剿不享的，派遣使者责备不贡的，写好文辞向天下通告那些不来朝见的。这样，就有了处罚的条例、攻伐的军队、征讨的准备、斥责的命令和告谕的文辞。如果命令文辞发出了还不来，就重新检查并修明自己的道德，不要劳动百姓在辽远地域作战。所以，近处的诸侯没有不听从的，远处诸侯没有不归服的。”

“现今自从大毕、伯仕两位犬戎君主死后，犬戎君长已经按照‘荒服者王’的职分来朝见天子。您却说我要用不享的罪名来征讨他，而且要让他看看我们的武备军队。这不是违反祖先的遗训而招致衰败吗？我听说犬戎的君长树立了淳厚的德行，能够遵循他先代的德行，一直坚守不移，他凭着这些就有理由、有能力抗拒我们。”

穆王不听，于是御驾亲征，率领数万精兵讨伐犬戎。周朝大军浩浩荡荡进军到骊山，然而最终却只得了四只白狼、四只白鹿回来。从战果来看，这次战争的军事胜利并不大，而且由于穆王对异族采取高压的政策，其所导致的后果是对周极为不利的。从此周朝在周边外族中失去了威信，荒服诸侯不再来朝见天子。

墨子劝楚王停止伐宋

老子反对战争，认为战争是“不祥之器”，得道者是不会随便发动战争的。春秋末期，墨子和他的弟子们，为了制止战争，不惜赴汤蹈火，死不旋踵，充分体现出墨家弟子崇高的人格。

墨子是战国时期著名的思想家，墨家学派的创始人，著有《墨子》一书。墨子学说的主要内容有兼爱、非攻、尚贤、尚同、节用、节葬、非乐、天志、明鬼、非命等，而以“兼爱”为核心，以“节用”“尚贤”为支点。“非攻”则是墨子思想的一个重要内容。

墨子主张的非攻思想与其主张的另外一个思想兼爱关系密切。兼爱，其实质是“爱利百姓”，以“兴天下大利，除天下之害”为己任。

春秋战国时期，战争频仍，土地荒芜，死者遍野，民不聊生。百姓渴望统治者弥兵息战，休养生息。墨子体察到下层民情，提出了“非攻”的主张。他认为，自古及今，不论什么形式的战争，受害最深的是平民百姓。战争是杀人机器，百姓因战争而居无定所，食不果腹，甚至丢掉了性命。

而在实践上，墨子设坛讲学，让弟子们周游诸国，用兼爱、非攻的理论，去说服诸侯们放弃侵略战争。有时候，为了制止一场战争，墨子不惜冒着生命危险去亲自说服攻战的诸侯。“止楚攻宋”就是一个生动的例子。

春秋末期，楚国准备讨伐宋国。公输班（即鲁班）为楚国制造了一种叫云梯的攻城器械，将用它来攻打宋国。墨子听说后，带领弟子们来到宋国，他一面吩咐弟子制造守御器械，守城备战；一面亲自前往楚国军营，说服楚国放弃攻宋。到达楚国军营后，墨子见到了公输班。墨子对公输班说：“北方有人侮辱了我，我想借你的手杀掉他。”公输班听了，很不高兴。

墨子接着说道：“我愿送你十镒金子。”

公输班说：“我是义不杀人的。”

墨子站起身来，似乎很感动地对公输班拜了两次，说：“请让我讲讲义。我在北方听说你造了云梯，将用它来攻打宋国，宋国有什么罪过？楚国土地有余而人口不足，牺牲自己所不足的人民，而去争夺自己所过剩的土地，这不能算明智；宋国无罪而去攻打它，不能算仁义；明白这些道理却不去谏诤，不能算忠；谏诤达不到目的，不能算强。你奉行仁义不杀一个人，却去杀宋国众多的人，这能说是明白仁义吗？”

公输班被问得哑口无言。墨子趁势说道：“既然这样，为什么不停止攻打宋国呢？”

公输班说：“不行，我已经答应楚王了。”

墨子说：“为什么不引我去见楚王呢？”于是公输班引着墨子去见楚王。墨子见到楚王，说道：“现在这里有一个人，丢下自己华贵的彩车，却想去偷邻居家的破车；丢下自己的锦绣衣服，却想去偷邻居家的粗布衣服；丢弃自己的肉食，却想去偷邻居家的糟糠。这是个怎样的人呢？”

楚王说：“他一定是得了偷窃病。”

墨子说：“楚国的土地，方圆五千里；宋国的土地，方圆五百里，这就好比彩车和破车。楚国有云梦泽，犀牛、麋鹿遍地都是，长江、汉水里出产鱼鳖鼋鼍，算得上天下最富饶的了；宋国却是连野鸡、野兔、鲫鱼都不出的地方，这就好比好饭肉食与糟糠。楚国有高大的松树、纹理细的梓树、楠木和樟树；宋国却连大树都没有，这就好比锦绣衣裳与粗布衣服。就这三件事来说，大王要去攻打宋国，与那个有偷窃病的人有什么分别？臣认为大王必会损伤

‘仁义’而得不到宋国。”

楚王说：“说得好！即便如此，可公输班已为我造好了云梯，攻宋势在必行。不过成败也还是说不定的。”墨子道：“只要有木片，现在就可以试一试。”

于是召见公输班。墨子解下腰带围起一座“城池”，用筷子当守城器械，公输班九次设置巧妙的器械攻城，墨子九次都抵挡住了。后来，公输班攻城的器械用尽了，墨子守城的方法还有富余。

公输班屈服了，但说：“我知道对付你的办法了，但我不说出来。”

墨子也说：“我知道你对付我的法子，我也不说。”

楚王问这是什么原因，墨子说：“公输班的意思，不过是想杀掉我，以为杀了我，宋国就没有人能守城，就可以攻下了。但是我的学生禽滑厘等三百人，已经拿着我的守御器械，在宋国城墙上等待着楚兵呢！虽然可以杀了我，但守御的人是杀不尽的。”

楚王最终放弃了攻宋的计划。